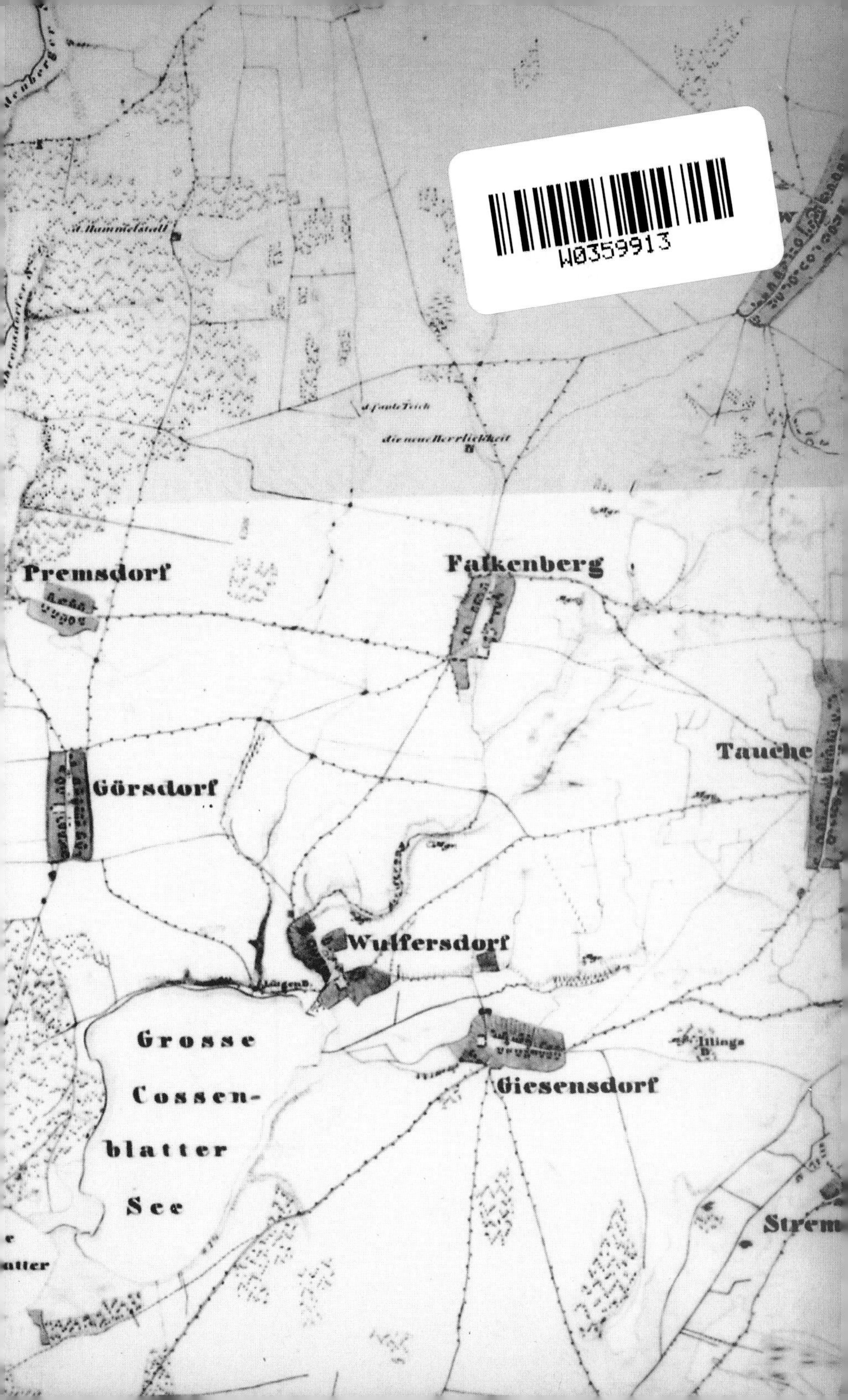
Premsdorf
Falkenberg
Görsdorf
Tauche
Wulfersdorf
Grosse
Cossen-
blatter
See
Giesensdorf

Liebeserklärung an eine Landschaft: wie Günter de Bruyn den entlegenen Ort Görsdorf bei Beeskow in der Mark Brandenburg 1967 für sich entdeckt, warum ausgerechnet dieser Ort mit seiner Verlassenheit und Melancholie für ihn so wichtig wurde – als eine Art Exil im ungeliebten Staat der DDR, »ohne Heimatverlust« –, wie er sich diesem Ort annähert, ihn erkundet und kennenlernt und wie er in kleinen Schritten über die Jahre ein ruinöses Haus wieder bewohnbar macht. De Bruyns respektvolle und behutsame Erschließung eines Ortes und seiner Landschaft versteht sich als Plädoyer für einen pfleglichen Umgang mit solch scheinbar unzeitgemäßen Kostbarkeiten wie Abgeschiedenheit, Einsamkeit, Überschaubarkeit und Stille.

Günter de Bruyn, geb. 1926 in Berlin, lebt in Görsdorf bei Beeskow als freier Schriftsteller. Er wurde mit zahlreichen Preisen ausgezeichnet, u. a. dem Heinrich-Böll-Preis, dem Thomas-Mann-Preis, dem Nationalpreis der Deutschen Nationalstiftung und dem Jacob-Grimm-Preis Deutsche Sprache. Zu seinen bedeutendsten Werken gehören die autobiographischen Bände ›Zwischenbilanz‹ (Fischer Taschenbuch Bd. 11967) und ›Vierzig Jahre‹ (Bd. 14209), die frühen Romane ›Buridans Esel‹ (Bd. 1880) und ›Neue Herrlichkeit‹ (Bd. 5994) und die Biographie ›Das Leben des Jean Paul Friedrich Richter‹ (Bd. 10973). Hinweise auf weitere Veröffentlichungen am Schluß des Bandes.

Unsere Adresse im Internet: fischerverlage.de

Günter de Bruyn

ABSEITS Liebeserklärung an eine Landschaft

Mit Fotos von Rüdiger Südhoff

Fischer Taschenbuch Verlag

Veröffentlicht im Fischer Taschenbuch Verlag,
einem Unternehmen der S. Fischer Verlag GmbH,
Frankfurt am Main, November 2006

Gesamtherstellung: Clausen & Bosse, Leck
Printed in Germany
ISBN-13: 978-3-596-16663-3
ISBN-10: 3-596-16663-2

ABSEITS

VON LIEBE UND TREUE

Jeder Versuch, die Ursachen einer Liebe erklären zu wollen, wird mit der Erkenntnis enden, daß ein Rest von Unerklärbarem bleibt. Das mag daran auch liegen, daß die Ursachen nur in den Objekten der Liebe gesucht werden, sie aber auch bei den Antrieben und Bedürfnissen der Liebenden liegen, die diese sich oft nicht eingestehen. Man glaubt, daß die Vorzüge des Geliebten zur Liebe verführen, und sieht nicht, daß sie erst durch eigne Gestimmtheit zu solchen wurden. Erst die Liebe macht das Geliebte der Liebe wert.

Auch die Liebe zu einer Landschaft läßt sich nicht nur durch deren Eigenschaften erklären, die auf andere Gemüter ja anders wirken, die Erklärung liegt vielmehr oft in dem Liebenden selbst. Erst die Bereitschaft, sich den Reizen einer Gegend zu öffnen, schafft die Möglichkeit, sie über andere zu stellen und auch in dem, was andere für Mängel halten, Qualitäten zu sehen. Wer sich in eine Gegend des Flachlandes verliebt, ist glücklich darüber, daß Gebirge ihn nicht beengen; der Gebirgsliebhaber empfindet die Abwesenheit von Bergen als Leere; und der Liebhaber der Meeresküste liebt auch den zu ihr gehörenden Sturm.

Wie alle Liebenden, möchten auch die in eine Landschaft Verliebten an die Schicksalhaftigkeit ihrer Liebe glauben, doch räumen die vernünftigen unter ihnen auch dem Zufall eine Bedeutung ein. Ohne diesen wäre doch vielleicht die erste Begegnung gar nicht zustande gekommen, und das Glück, das sie auslöste, wäre nicht eingetreten, oder es wäre ein völlig anderes gewesen, vielleicht das Glück im zwanzigsten Stock eines großstädtischen Mietshauses statt des tatsächlich gelebten im märkischen Sand. Vernünftig wäre zu glauben, daß, wenn es anders gekommen wäre, auch die hier folgende Liebeserklärung einer anderen als der brandenburgischen Landschaft gegolten hätte – aber vielleicht ist Vernunft hier auch gar nicht am Platze, weil sie für Liebe und Enthusiasmus nicht zuständig ist.

Neben den wirklichen, nämlich beständigen Lieben gibt es auch flüchtige Besuchs- oder Urlaubslieben, die zeitweilig auch den Schein einer wirklichen haben können, sich früher oder später aber als Formen bloßen Begehrens, Erfreuens oder Bewunderns erweisen, als Gefühle also, die auf Dauer nicht eingestellt sind. Wahre Liebe aber drängt auf Nähe für immer. Die Urlaubsliebe für das Salzkammergut, den Lago Maggiore oder die Wüste Gobi kann durch Sensationelles, Liebliches oder Erhabenes zwar in Entzücken versetzen, nicht aber den Wunsch erzeugen, dort bleiben zu wollen. Es fehlt die zur Liebe nötige Gewißheit, einander gemäß zu sein.

Durch Liebe zu einer Landschaft zur Wahl einer neuen Heimat verführt zu werden heißt leider auch, der alten die Treue zu brechen, doch wird die Untreue oft dadurch entschuldigt, daß auch die angestammte Heimat die Treue nicht immer hält. Sie kann so gründlich ihr Wesen verändern, daß derjenige, den sie in der Kindheit einst prägte, sich als Erwachsener fremd in ihr fühlt. Die Wahl einer zweiten Heimat ist dann auch der Versuch, die erste zurückzugewinnen. Das aber wird immer vergeblich bleiben, weil zum bewahrten Erinnerungsbild neben der alten Umgebung auch das nicht zurückzugewinnende Kindsein hinzugehört. Nie kann die zweite Heimat die Bedeutung gewinnen, die die erste durch Erinnern behauptet. Das Paradies der Kindheit, das bewußte Gegenwart nie hatte, sondern erst, als es vergangen war, zum Para-

Die Krumme Spree zwischen Briescht und Kossenblatt

dies wurde, muß, um weiterleben zu können, verloren bleiben. Die zweite Heimat wird sich mit ihm nicht verbinden lassen. Zwar kann man als Ausgleich ein Einleben in das kollektive Erinnern der neuen Umgebung, also in ihre Geschichte, versuchen, aber das wird immer nur notdürftiger Ersatz für das Verlorene sein.

Um sich heute in die Landschaft, um die es hier geht, verlieben zu können, ist das Entfernen aus dem Umkreis Berlins vonnöten. Denn obwohl sich in der ehemaligen brandenburgischen Hauptstadt, deren heutige weite Grenzen 1920 gezogen wurden, noch Wälder, Seen und alte Ortskerne der eingemeindeten Städte und Dörfer erhalten haben, wird doch märkische Landschaft erst richtig erlebbar, wenn man nicht nur den Lärm und die Menschenfülle, sondern auch die an Berlin angrenzenden Orte, die oft konturlos ineinanderwachsen, hinter sich hat. Dann erst, wenn die Straßen enger und verkehrsärmer werden, die Dörfer, die man erreicht, schnell wieder enden und sich manchmal auch Ausblicke bieten, die einen zum Anhalten und Aussteigen verlocken, kann man hoffen, daß sich in einem so etwas wie Liebe zu dieser spröden, oft auch abweisenden Schönen regt.

Die langen Strecken verschiedenartigen Grüns, die oft zwischen den Dörfern liegen, werden von Städtern leicht als urwüchsig empfunden, was sie aber nicht sind. Es handelt sich bei ihnen um Kulturlandschaften, die in Jahrhunderten durch Nutzung verändert wurden. Die Laubwälder, die hier ursprünglich wuchsen, mußten nach Raubbau im 18. und 19. Jahrhundert den schnell wachsenden Kiefern weichen. Die Wiesen lassen sich nur durch ständiges Abmähen oder Abweiden als solche erhalten, und die armen Böden der Felder bringen im Gegensatz zu früheren Zeiten durch moderne Anbaumethoden doch halbwegs guten Ertrag. Ehemalige Sumpfgebiete, die Bruch, Fenn oder Luch genannt werden, sind heute fruchtbare Acker- und Weideflächen, deren System von Wegen und Gräben ständige Wartung verlangt.

Einen Menschen, der dieser Landschaft verfiel, einen Naturliebhaber zu nennen, wäre also nur die halbe Wahrheit. Denn neben Seen, Veilchen, Kiefern und Reihern liebt er auch die Dörfer, die kleinen Städte, deren Bewohner und deren Geschichte, und wenn er Ende September an Feldwegen, die vergangene Generationen mit Obstbäumen bepflanzt hatten, die letzten vollreifen, schon zum Eintrocknen neigenden Pflaumen kostet, wird ihm wieder ins Bewußtsein gerufen, daß er diesen Genuß dem harmonischen Ineinanderwirken von Natur und Kultur zu danken hat.

Aber nicht nur im Herbst wird durch Gaben von Pflaumen und Pilzen die Liebe zur Landschaft von dieser erwidert, ebenso auch an Februartagen, wenn bei ersten milden Temperaturen die Spechte trommelnd die Hoffnung aufs Frühjahr wecken, an Junimorgen, wenn süße Düfte der Akazienblüten die Luft erfüllen, oder in Sommernächten, wenn das Einschlafen von Käuzchenschreien und das Aufwachen von Kuckucksrufen begleitet wird. Die gelben Staubwolken aus Kiefernblüten, die im Frühsommer die Dächer der Häuser und Autos färben, nimmt der Liebhaber genauso als Erwiderungszeichen wie die Nebelstreifen, die an Spätsommerabenden über die gewellten Weiten der Äcker schweben, oder das hinter Kiefernstämmen verblassende Abendrot.

Der Gefahr der Gewöhnung aber ist auch diese Liebe, wie jede sonst, unterworfen, doch muß die beständige durch sie nicht enden, sie kann auch in ein neues Stadium treten, in dem die Gewißheit des Vertrautseins und Zueinandergehörens den jubelnden Enthusiasmus jugendlicher Zeiten ersetzt. In dieser Phase befindet sich der Verfasser dieser Liebeserklärung, wenn er nach langen, von Krankheit umschatteten Winterwochen Frühlingsbeginn und Genesung mit dem Versuch, seine Gegend zu schildern, feiert, wohl wissend, daß er mit dieser ausschweifenden Kleinmalerei auch ein wenig sich selbst beschreibt.

VON MUSEN UND GRAZIEN

Der Sinn für die Schönheit von Landschaften ist sicher in Stärke und Ausrichtung bei jedem verschieden, er ist teilweise bedingt durch subjektive Faktoren, aber auch nicht frei von Tendenzen der Zeit. Denn er hat sich, wie alles, historisch entwickelt, und wir sind, ohne uns dessen bewußt zu werden, in ein Stadium dieser Entwicklung hineingeboren, in dem man zum Beispiel die märkische Landschaft, um die es sich bei dieser Liebeserklärung handelt, sehr wohl zu schätzen weiß.

Noch vor zweihundert Jahren galt das dünn besiedelte und wenig fruchtbare Brandenburg weithin als öde und trostlos, als einer Reise nicht wert. Seiner sandigen Äcker und Poststraßen wegen hatte es im Mittelalter den Spottnamen einer Streusandbüchse des Reiches erhalten, und wer es lobte, mußte mit Spott rechnen, wie es zu Goethes Zeiten dem dichtenden Pastor Schmidt von Werneuchen erging. Die ländliche Umwelt, die er in seinen Gedichten rühmte, war nach Ansicht der Rezensenten einer poetischen Verklärung nicht würdig. Als schön galten dem Zeitgeschmack damals der Rhein, die Schweiz oder Italien, nicht aber märkische Wälder und Sümpfe oder gar Bauerngärten und armselige Dorfkirchen, wie sie der Pastor besang. Die Mark, so fand, neben vielen Rezensenten, auch Goethe, habe der Poesie nichts zu bieten. Seine Parodie auf die Schmidtschen Gedichte, »Musen und Grazien in der Mark« betitelt, richtete ihren Spott weniger auf die Unbeholfenheit der Verse als auf die besungenen Gegenstände, die sandigen Gegenden nämlich, in denen die Pflanzen angeblich schon in getrocknetem Zustand aufkeimten, die Kinder nur den Misthaufen zum Spielen hatten und der reinste Provinzialismus zu Hause war. Ludwig Tieck, der Berliner, der neunzehn Jahre seines Lebens in der Mark verbrachte, seine romantischen Märchen aber vorwiegend in Felsengebirge verlegte, bezeichnete die Mark als die trostloseste Gegend Deutschlands. Und Heinrich von Kleist aus Frankfurt an der Oder nannte seine Heimat einen langweiligen Landstrich, bei dessen Erschaffung der liebe Gott offenbar eingeschlafen sei. Der aus der Uckermark stammende Maler Jakob Philipp Hackert, einer der Wegbereiter der Landschaftsmalerei der Romantik, verließ Ende des 18. Jahrhunderts Berlin, wo er studiert hatte, um in Italien seine berühmt werdenden Landschaften zu malen, und sein Biograph Goethe erklärte das durch den Mangel an »malerisch Interessantem« in der »Gegend um Berlin«.

Diese Mißachtung änderte sich aber allmählich im Laufe des 19. Jahrhunderts, was sicher auch damit zu tun hatte, daß das städtische Leben naturferner wurde und dadurch eine Rückzugssehnsucht entstand. Schon vor Theodor Fontane, der um 1860 begann, seine »Wanderungen durch die Mark Brandenburg« zu schreiben, entdeckten die Maler in der Mark reizvolle Motive, die sie nun nicht mehr wie im 18. Jahrhundert nur als Hintergründe für Architektur- oder Personendarstellungen benutzten, sondern sie selbst zum Thema machten, wie Caspar David Friedrich es mit seinen mecklenburgischen und pommerschen Motiven vorgemacht hatte. In dem Aufsatz von Clemens Brentano und Heinrich von Kleist über Friedrichs »Seelandschaft« von 1810 ist deutlich das Erstaunen darüber zu spüren, daß man solche »Einförmigkeit« mit einer Intensität darstellen könne, die »Füchse und Wölfe zum Heulen« brächte. Der Maler, so heißt es dann weiter, habe »zweifelsohne eine ganz neue Bahn im Felde seiner Kunst gebrochen;

und ich bin überzeugt, daß sich mit seinem Geiste eine Quadratmeile märkischen Sandes darstellen ließe, mit einem Berberitzenstrauch, worauf sich eine Krähe einsam plustert«. Diese neue Bahn wurde dann von Karl Friedrich Schinkel, der wie Fontane aus Neuruppin stammte, mit seinem »Spreeufer bei Stralau« und seiner »Landschaft bei Pichelswerder«, vor allem aber von Carl Blechen aus Cottbus mit Gemälden wie dem »Semnonenlager« auf den Müggelbergen oder der bedrohlich wirkenden »Märkischen Winterlandschaft« beschritten. Und danach wurde das ganze Jahrhundert hindurch, bis zu Walter Leistikows melancholischen Grunewaldseen, die Mark bei den Malern (und später auch bei den Fotografen) zum beliebten Motiv. Daß es sich dabei anfangs vorwiegend um berlinnahe Gegenden handelte, hing mit den schwierigen Reisemöglichkeiten zusammen. Als dann aber, etwa seit der Jahrhundertmitte, Eisenbahnen das Land durchzogen, wurden auch weiter entfernte Schönheiten wie vor allem der Spreewald entdeckt.

Wie aus Schinkels Darstellungen des Klosters Chorin oder Blechens von Germanen belebten Müggelbergen ersichtlich, waren diese brandenburgischen Entdeckungen häufig mit historisch-patriotischen Intentionen verbunden, was sich nicht weniger deutlich im Literarischen zeigt. Die historischen Romane von Willibald Alexis, die Episoden der brandenburgischen Geschichte behandeln, enthalten auch Schilderungen der märkischen Landschaft, die zwar stimmungsvoll, aber wenig präzise sind. Ein bleibendes literarisches Bild dieser Landschaft gab erst Fontane, und zwar sowohl in seinen »Wanderungen«, die trotz der Betonung des Historischen die Landschaftsschilderung nicht vernachlässigen, als auch in einigen seiner Romane, in denen verschiedenartige märkische Landschaften lebendig werden, wie in »Vor dem Sturm« das Oderbruch oder im »Stechlin« der im Titel genannte See.

VON STRASSEN UND WEGEN

Die Vorzüge der hier zu beschreibenden Gegend bestehen vor allem in dem, was ihr fehlt. Sie hat weder eine nennenswerte Industrie noch fruchtbare Äcker, weder allgemein als sehenswert geltende landschaftliche Reize noch berühmte historische Denkmäler oder Denkwürdigkeiten, und auch in Flora und Fauna kommen Besonderheiten nicht häufiger als anderswo vor. Massentourismus findet in ihr also nur wenige lohnende Ziele, was auch das Gastgewerbe am Aufblühen hindert, und da mit der fortschreitenden Technisierung der Landwirtschaft sich die Zahl ihrer Arbeitsplätze immer weiter verringert und in anderen Bereichen keine neuen geschaffen werden, kehren viele junge Leute der Gegend den Rücken, so daß sich die immer schon geringe Bevölkerungsdichte von Jahr zu Jahr weiter vermindert und bald ein Aussterben der Dörfer zu befürchten wäre, gäbe es nicht auch im Zeitalter der Großstädte und der Lust an der Menge einige Leute, die hier ihren Wohnort wählen oder behalten, weil ihnen der Mangel an Menschen, Reizen und Geräuschen behagt.

Auch fehlt der Gegend ein ansprechender Name, wie die Bewohner des Breisgaus, des Oderbruchs oder der Goldnen Aue ihn haben. Wer hier wohnt, wie ich heute, wird sich auf Reisen bei Fragen nach seinem Zuhause auf größere Räume wie den Osten, die Mark Brandenburg oder die Umgebung Berlins zu berufen versuchen; denn er weiß aus Erfahrung, daß die Ortsnamen Beeskow und Storkow, die an Stelle eines Landschaftsnamens seit

Der Bahnhof Kohlsdorf an der stillgelegten Eisenbahnstrecke von Beeskow nach Lübben

Jahrhunderten schon seine Gegend behelfsmäßig bezeichnen, sich anderswo nur in seltenen Fällen mit der Vorstellung ihrer geographischen Lage verbinden lassen, so daß bei genauerem Fragen ein weiteres Ausholen nötig ist.

Fährt man mit Bahn oder Auto von Berlin aus auf den Schnellstrecken nach Osten oder nach Süden, nähert man sich zwar unserer Gegend, wird sie aber verfehlen, weil sie sich noch immer erfolgreich in einem der relativ unberührten Sektoren zwischen den strahlenförmig verlaufenden Hauptverkehrsadern verbirgt. Zwischen den üblichen Reiserouten lag sie auch schon in früheren

Jahrhunderten, so daß sich keine historische Beschreibung über sie finden läßt. Hans Kohlhaase, das Urbild von Kleists Rechtsfanatiker Michael Kohlhaas, versteckte sich vor den kurfürstlichen Häschern im abgelegenen Storkow. Als der amerikanische Gesandte am preußischen Hofe, John Quincy Adams, der später sechster Präsident der USA wurde, 1800 von Berlin nach Schlesien reiste, wählte er, wie wir aus seiner Reisebeschreibung wissen, nicht die Route über Beeskow, sondern die über Frankfurt, und auch der Oberschlesier Joseph von Eichendorff reiste immer über Breslau, Grünberg und Frankfurt nach Berlin. Friedrich der Große berührte Beeskow nur notgedrungen, nämlich auf seinen Feldzügen. Und als Friedrich Wilhelm III. in Begleitung Scharnhorsts sich 1810 mit dem künftigen Staatskanzler Hardenberg heimlich treffen wollte und dafür einen abseitigen Ort suchte, wo sie vor den Spionen der französischen Besatzung sicher sein konnten, wurde Beeskow erwählt.

Auch für die Eisenbahnplaner lag und liegt unser Landstrich im Abseits. Während die Strecke Berlin–Frankfurt/Oder schon 1842 eröffnet wurde, war die unsere erst mehr als ein halbes Jahrhundert später dran. Als Bahnreisender muß man heute einen Dieseltriebwagen benutzen, der sich auf einer 1898 verlegten, nie grundlegend sanierten und heute immer von Stillegung bedrohten eingleisigen Strecke im gemächlichen Tempo der Bauzeit bewegt. Unbeschrankte Bahnübergänge an Feldwegen, unsichere Brücken über Gräben und ein Viadukt, dessen reparierte Kriegsschäden offensichtlich Stabilitätsprobleme hinterließen, machen ab und zu das Fahren im Schrittempo nötig; und wenn Gegenverkehr auf einigen Bahnhöfen Wartezeiten erfordert, verschwinden die Fahrer und die manchmal auch mitfahrenden Schaffner im Bahnhofsgebäude, um Kaffee zu trinken, während die Fahrgäste sich auf dem Bahnsteig ein wenig die Füße vertreten und eine Luft atmen, die, je nach Windrichtung, Jahreszeit und Wetterlage, nach

Kiefernharz, Roggenblüte, frisch gepflügter Ackererde oder auch nach übelriechender Gülle schmeckt.

Neben dieser, heute im Einstundentakt befahrenen Strecke, die Königs-Wusterhausen mit Frankfurt an der Oder verbindet, existieren in unserer Gegend noch zwei Nebenstrecken, auf denen man, nicht weniger gemütlich, von Beeskow aus in nördlicher Richtung über Bad Saarow nach Fürstenwalde und südwärts über die Dörfer nach Lübben fahren könnte – hätte man nicht vor einigen Jahren den Fahrbetrieb eingestellt. Zwar ist jedes Jahr wieder in der Provinzpresse zu lesen, daß die Absicht einer Wiedereröffnung bestünde, aber die Hoffnung darauf ist gering. Die Schienen verrosten, und die wenigen alten Bahnhofsgebäude, die die Verwahrlosung des letzten halben Jahrhunderts heil überstanden haben, wurden inzwischen verkauft und werden bewohnt. Es sind, falls nicht durch Anbauten verschandelt, schöne Backsteinbauten aus Kaisers Zeiten, im bekannten und heute wieder geschätzten preußischen Bahnhofs-, Kasernen- und Postamtsstil.

Der Langsamkeit wegen sieht der Bummelzugreisende mehr als der Autobenutzer, doch ist diesem zu raten, auch langsam zu fahren, besonders wenn er in Straßen minderer Ordnung abbiegen muß. Dort nämlich findet er häufig schattengebende Straßenbäume, die der Fahrbahn einen beängstigend engen Rahmen geben und vielen Rasern schon zum Verhängnis wurden. Kleine Holzkreuze vor den mächtigen, aber am Unfall unschuldigen Eichenstämmen erinnern an sie. Unebenheiten der Straße lassen erahnen, daß sich unter den von Baumwurzeln gewellten Asphaltdecken noch die Kopfsteinpflaster der alten Chausseen mit den daneben laufenden sandigen Sommerwegen verbergen; denn erst in der zweiten Hälfte des vorigen Jahrhunderts, als Kraftfahrzeuge auch auf dem platten Lande die Pferdefuhrwerke allmählich verdrängten, bemühte man sich auch hier um autofreundlichere Fahrbahndecken, doch reichten in vielen Fällen die Finanzen nicht

Kopfsteingepflasterter Feldweg bei Sauen

aus. Die kürzeste Verbindung zwischen benachbarten Dörfern sind deshalb auch heute häufig noch Feld- oder Waldwege, deren Benutzung mit einem nur für den Straßenverkehr gedachten Auto nicht ratsam ist.

Tiefe Fahrrinnen, die Traktoren zu hinterlassen pflegen, können ein Aufsitzen des Wagens auf dem erhöhten Mittelstreifen bewirken. Pfützen, die die Tiefe der von ihnen gefüllten Löcher verbergen, lassen Abkürzungen risikoreich werden. Es kommt vor, daß Wege, die nur bis zu einem bestimmten Acker- oder Waldstück benutzt werden, in den folgenden Abschnitten – wie man hier sagt – versträuchern. Und manchmal versperren gerade an Stellen, die Wendemanöver unmöglich machen, Hindernisse den Weg.

Empfehlenswert sind solche Wege nur für Fußgänger und Radfahrer, doch wissen auch Maler und Photographen sie ihrer Schönheit wegen zu schätzen, und Geschichtsinteressierte lesen an ihnen Historisches ab. Denn der Verlauf der Autostraßen zwischen den Dörfern beruht zwar im allgemeinen auf den alten Wegesystemen, ist aber zu verschiedenen Zeiten aus unterschiedlichen Gründen ausgebaut worden, so daß man sich ohne Wissen um diese Gründe manch sinnlose Kurve nicht mehr erklären kann. Auf Landkarten, die auch die Wege verzeichnen, lassen sich oft die alten Heerstraßen und Postrouten noch leicht an ihrem schnurgeraden Verlauf erkennen, den der Landstraßenausbau des 19. und 20. Jahrhunderts nicht mitgemacht hat. Teils lag das an der Finanznot des Kreises und der einzelnen Gemeinden, teils an den Eigentümern der Ländereien, vor allem aber am Bau der Eisenbahnen, durch den die Zufahrt zum Bahnhof für die Bauern wichtiger wurde als die zur Mühle oder zum städtischen Markt. Trifft man auf Feldwege, die durch alte Eichen oder Kastanien zu schattigen Alleen wurden, kann man sicher sein, daß sich ein Gutsbesitzer diesen Luxus hat etwas kosten lassen, und wenn die Wege in monotonen Wäldern sich plötzlich durch andere Baumarten und Büsche verschönen, taucht bald ein Forsthaus oder dessen Ruine auf.

Als Fontane 1861 Kossenblatt besuchte, konnte die von ihm gemietete Kutsche noch den geraden Weg von Beeskow aus benutzen, während man auf der heutigen Landstraße den kleinen Umweg über Kohlsdorf machen muß. Der alte Weg ist in Stadtnähe durch Bebauung völlig verschwunden, auf den Feldern aber zum Teil noch vorhanden. Ihn markieren noch immer Obstbaumruinen, aber benutzt wird er nicht mehr, weil er streckenweise umgepflügt wurde und eine zu DDR-Zeiten ins freie Feld gesetzte Futtermittelfabrik ihn unterbricht.

Reizvoll, aber sehr langwierig ist es, wie ich in meiner Jugend erfahren konnte, auf dem Wasserwege hierher zu kommen, doch ist diese Art des Reisens unsportlichen Leuten verschlossen, weil dazu kleine und leichte Boote gehören, die man an Hindernissen wie defekten Schleusen und geschlossenen Wehren auch ein paar Meter über Land tragen kann. Leichter geht es mit dem Finger auf der Landkarte, auf der man sich schnell zurechtfindet, wenn man dem Lauf der Spree folgt. Sie entspringt an der Grenze Böhmens, fließt in nördlicher Richtung durch die sächsische Oberlausitz, zersplittert sich im brandenburgischen Spreewald in Hunderte schmaler Arme, fließt danach wieder genau nach Norden, als wollte sie ihr Ziel, nämlich Berlin und ihre Mündung in die Havel, auf dem kürzesten Weg erreichen, wird daran aber durch eine Hochfläche gehindert, die sie zu einem Umweg nach Osten zwingt. Viel fehlte nicht, und sie würde die Oder erreichen, ihre Wasser also in die Ostsee ergießen, aber da sich bald wieder ein Durchbruch nach Norden bietet, der ihr erlaubt, kurz vor der Wasserscheide in die ursprüngliche Richtung einzuschwenken, um über Havel und Elbe die Nordsee zu speisen, grenzt sie nun die Landschaft, auf die es hier ankommt, von Süden und Osten ein.

VON WECHSEL UND MONOTONIE

Als Beeskower Platte oder Plateau wird diese Hochfläche von Geologen bezeichnet, und ihre Entstehung wird, wie alle märkischen Bodenformen, mit den Kräften der letzten Eiszeit erklärt. Wenn auch einige ihrer großspurig als Berge bezeichneten Punkte die schwindelnde Höhe von fast 170 Metern erreichen, liegt sie im Durchschnitt doch nur sechzig bis hundert Meter über dem Meeresspiegel, ist nirgends ganz eben, sondern hebt und senkt sich unregelmäßig und geht häufig so sanft ins flache Land über, daß Autofahrer, die sie durchqueren, von ihr erst etwas merken, wenn sich die Erhebung an einigen Stellen ein wenig steiler in die Niederung der Spree oder einer Kette von Seen senkt. Radfahrer, denen auch minimale Steigungen nicht verborgen bleiben, pflegen an solchen Hängen, die lustvolles Abwärtsrollen versprechen, eine kurze Rast einzulegen, um den überraschend weiten Blick zu genießen und sich auf schattige Wälder und die kilometerlange sanfte Abfahrt ohne Muskelmühen zu freuen.

Der Hochfläche fehlen die Wälder; sie zeigt inmitten ihrer weiträumigen Äcker nur vereinzelte Wäldchen, die der rigorosen Flurbereinigung der sechziger und siebziger Jahre des vorigen Jahrhunderts entgangen sind. Auch viele Feldwege wurden damals beseitigt, und einige der übriggebliebenen enden neuerdings abrupt an Erdwällen, weil die Beeskower Umgehungsstraße sie in zwei tote Hälften teilt. Neu entstanden sind dagegen breite, fußgängerunfreundliche Schotterwege, die zu den ständig sich

Auf der Beeskower Hochfläche bei Kohlsdorf

vermehrenden Windrädern führen. Als wollten sie auch in dieser abseitigen Gegend den Sieg der Technik verkünden, krönen sie nun schon in Scharen die meisten Höhen.

Vor einem halben Jahrhundert, als noch viele selbständige Bauern ihr Land bebauten, sah es hier anders aus. Da waren die Ackerflächen noch aufgeteilt in viele Parzellen, da gab es neben den noch vorhandenen, die Dörfer miteinander verbindenden Wegen noch unzählige andere, die zu den einzelnen Äckern führten. Da gab es viele Feldraine, die mit Labkraut und Wegwarte bestanden waren, Reihen von Obstbäumen, Büsche und Baumgruppen, schmale Gräben und hier und da kleine, schilfumgürtete Teiche, die hier Puhle heißen, und das alles bot Lebensraum für

Hasen und Rebhühner, Eidechsen und Schlangen, Feldlerchen und Kiebitze – bis mit der Zwangskollektivierung der Bauern die Großraumwirtschaft begann. Da wurde, wie überall im östlichen Deutschland, die Mannigfaltigkeit der Landschaft dem technischen Fortschritt geopfert und damit von heute auf morgen eine Entwicklung vollzogen, die im Westen nicht weniger unerbittlich, nur allmählicher vonstatten gegangen ist oder bevorsteht. Nach der Wiedervereinigung war bloß wenigen Bauern die Wiedereinrichtung einer selbständigen Wirtschaft möglich. Die unter Zwang entstandenen Genossenschaften leben nun unter anderen Namen, mit besserem Gerät und einem Bruchteil von Arbeitskräften weiter und fügen sich, oft auch erfolgreich, in die veränderten Bedingungen einer technisierten, durch Subventionen am Leben gehaltenen Landwirtschaft ein.

Es blieb also in den meisten Fällen bei den riesigen, sich oft von einem Dorf bis zum anderen erstreckenden Äckern, auf denen man in windigen Trockenzeiten Sandstürme beobachten kann. Im Frühjahr und Winter wirkt ihr Anblick ermüdend, im Sommer aber, wenn EU-geförderter Raps mit dem Gelb seiner Blüten auch an trüben Tagen Sonnenhelle verbreitet oder Wolken von Roggenpollen über die silbergrüngrauen Wellen der Ähren geweht werden, wird die Einförmigkeit zu einem Naturerlebnis besonderer, nämlich technisch erzeugter Art.

Monoton ist diese Landschaft nur für den Durchreisenden, weil diesem der Zustand, in dem er sie zufällig erlebt, der bleibende scheint. Für ihren Einwohner dagegen ist sie durch den Wechsel von Wetter und Jahreszeiten immer lebendig. Er sieht sie im Winter, wenn Barfröste die Ackererde in verschlungenen Mustern aufplatzen lassen oder eisige Ostwinde Schnee über die Felder treiben und die Obstbäume an den Chausseen und Feldwegen einseitig weißen, so daß das schneefreie Holz ihrer Stämme und Äste auf der windabgewandten Seite schwarz wie Ebenholz wirkt. Er

Winter am Scharmützelsee

sieht sie im Frühjahr, wenn Apfelblüten an Wegen und Straßen sich langsam von Rosa in Weiß verfärben, im Sommer, wenn, zum Ärger der Bauern, blaue Tupfen von Kornblumen und rote Reihen des wilden Mohns das Getreidegrün unterbrechen, im Spätherbst, wenn Scharen von wilden Gänsen weit ab von Dörfern und Straßen die kurzen Tage auf den Äckern verbringen, um im Abenddämmern mit viel Geschrei zu ihren Schlafplätzen in den Niederungen zurückzufliegen. Und am Ende des Winters kann er beobachten, wie sich in mancher Senke, in der sich vor der Einebnung der Äcker ein mit Entengrütze bedeckter Tümpel verborgen hatte, sich ein solcher bei Tauwetter wieder sammelt und für einige Wochen die Ackereintönigkeit schmückt. Wer hier wohnt,

Nähert man sich von den Höhen aus dem in der Spreeniederung gelegenen Beeskow, wird zuerst der Turm der Marienkirche sichtbar.

lebt, ob er will oder nicht, mit dem ständigen Wandel. Er kennt die im Herbst und im Frühjahr zu meidenden Wege, die sich im Sommer wieder halbwegs regenerieren, und er leidet mit Pflanzen und Tieren unter den häufig auftretenden Trockenzeiten, die die Ernten auf den meist sandigen Böden gefährden. Nirgends in Deutschland, so kann er oft hören, regnet es so wenig wie hier.

Monoton wirken auf den ersten Blick auch die Dörfer, die man zwischen Beeskow und Storkow, zwischen dem Schwieloch- und dem Scharmützelsee passiert. Und tatsächlich haben sie vieles gemeinsam, gewinnen aber ein eignes Gesicht bei genauerer Betrachtung. Bei allen ist die Siedlungsform ihrer Entstehungszeit im Mittelalter in ihrem Kern noch erkennbar, und die Neubauten, die zum größten Teil aus den letzten Jahrzehnten stammen, passen sich der alten Straßenführung meist an. Neben den seltener vorkommenden Straßen- und Gassendörfern findet man hauptsächlich Angerdörfer, die eckig, oval oder manchmal auch rund geformt sind. Die Vierseithöfe, die heute, von Ausnahmen abgesehen, ihre bäuerlichen Funktionen verloren haben, sind inzwischen meist umgebaut worden. In den hinter ihnen liegenden Gärten sieht man kaum noch Gemüsebeete. Geflügel ist selten geworden, Schafe und Ziegen werden kaum noch gehalten; und in den Dorfstraßen, die in den letzten Jahren oft glatte Asphaltdecken und gepflasterte Gehwege erhalten haben, ist selten ein Mensch zu Fuß unterwegs.

Und doch gleicht keines der Dörfer dem anderen. Hat man in einem der Straßenerneuerung kürzlich die Bäume geopfert, so hat es solche im andern schon seit hundert Jahren nicht mehr gegeben, während das dritte Dorf noch immer von alten Linden beschattet wird. Hier schützen, wie früher üblich, die roten Backsteinmauern die Höfe noch immer vor fremden Blicken, dort wird durch Zäunchen und modische Vorgärten ein städtischer Eindruck erweckt. Die einen bestatten ihre Toten noch auf dem feldsteinummauerten Kirchhof inmitten des Ortes, anderswo hat man zwischen zwei Dörfern zur gemeinsamen Nutzung eine neue Begräbnisstätte angelegt. Die Dorfteiche, denen überall die sie belebenden Enten fehlen, gereichen nur noch wenigen Orten zur Zierde, weil viele ausgetrocknet oder als Löschteiche ummauert worden sind. Auch die Dorfanger, die man überall noch als solche erkennt, sind unterschiedlich gestaltet. Standen früher auf ihnen neben Kirche und Schule nur Backofen und Schmiede, so wurden in neuerer Zeit manchmal parkähnliche Anlagen aus ihnen, oder sie wurden privat bebaut. Nur wenige der alten Dorfanlagen sind durch Straßenbau unkenntlich geworden. Meist ist die Dorfstraße in ganzer Länge zum Teil einer Verkehrsstraße geworden, selten nur kreuzt sie eine solche und teilt das Dorf in zwei Hälften, und manchmal, in besonders glücklichen Fällen, führt die Chaussee am Dorf vorbei.

Auch die beiden Städtchen, die der Gegend den Namen geben, ähneln einander wenig, obwohl sie beide im 13. Jahrhundert entstanden sind. Storkow ist das ältere von beiden, Beeskow das größere und schönere, das schon im Mittelalter, besonders durch seine vielen Tuchmacher, das wohlhabendere war. Nur Beeskow konnte sich eine Stadtbefestigung leisten, die relativ vollständig bis ins 20. Jahrhundert erhalten blieb. Als nach der Wiedervereinigung Deutschlands die Stadtsanierung beginnen konnte, entschlossen sich die Beeskower nicht für eine denkmalsgemäße Sicherung ihrer Stadtmauer, sondern für deren tourismusfördernde Ergänzung. Sie bauten also, sicher zum Ärger der Denkmalpfleger, vielleicht aber zur Freude späterer Generationen, die in Jahrhunderten verfallenen Zinnen und Weichhäuser wieder nach. Im Wiederaufbau begriffen ist auch die mächtige, im Kriege zerstörte Marienkirche, die zu den größten Backsteinkirchen Brandenburgs zählt. In ihr hat die Altstadt mit ihrer vollständig erhaltenen mittelalterlichen Straßenführung ihr weithin sichtbares Zentrum. Die Mauer mit ihren Türmen gibt der Altstadt einen kompakten Rahmen. Ihre schmalen Straßen sind oft von wohltuender Stille. Über der Tür eines der wenigen noch erhaltenen alten Häuser ist folgender freundlicher Spruch zu entdecken, den man sich über das Stadttor wünscht:

»Freudig trete herein und froh entferne dich wieder.
Ziehst du als Wanderer vorbei, segne die Pfade dir Gott.«

Den alten Teilen der Schwesterstadt Storkow fehlt die Mauerumgrenzung. Ihre Altstadtstraßen verlaufen sich konturlos in die Vorstädte, in denen sich dann aber auch der große Vorteil von Storkows Lage, die seenreiche Umgebung, zeigt. Kriegszerstörungen haben beide Städtchen im April 1945 erleiden müssen, doch waren sie nicht so verheerend wie die Küstrins, Wriezens oder anderer Städte der östlichen Mark. Auch beim Wiederaufbau in DDR-Zeiten hielt sich die Verschandelung der Stadtbilder und der Verfall alter Gebäude in Grenzen, und da nach der Wiedervereinigung offensichtlich Stadtobere mit Schönheitssinn und Traditionsbewußtsein gewählt wurden, wird man heute bei Stadtbesuchen nicht durch baulichen Größenwahn oder Geschmacksverirrung erschreckt.

Reste der beiden Burgen, in deren Schutz die Städte gegründet wurden, sind heut noch vorhanden, die bedeutenderen in Beeskow auf einer Spree-Insel, wo der von Dohlen umflatterte Bergfried heute ein Heimatmuseum beherbergt und der ganze Komplex von Gebäuden nach 1990 zu einem Kulturzentrum geworden ist. Beeskow ist in preußischen Zeiten immer Kreisstadt gewesen und es auch in den DDR-Jahren und bis heute geblieben, obwohl der Altkreis inzwischen in einem Großkreis mit dem Namen Oder-Spree aufgegangen ist. Storkow dagegen ist immer ein Ackerbürgerstädtchen mit heute kaum noch erkennbarem Scheunenviertel geblieben, das erst im vorigen Jahrhundert durch die Seen und Wälder seiner Umgebung an touristischer Bedeutung gewonnen hat.

Beeskow ist seit Friedrich Wilhelm I. Garnisonsstadt, vorwiegend für reitende Regimenter, gewesen. Die Kasernen vor dem Luckauer Tor, die heute von Gymnasiasten belebt werden, dienten nach 1945 sowjetischen Truppen, nach deren Auszug eine gründliche Sanierung der um 1900 errichteten Gebäude notwendig geworden war. Storkow dagegen wurde erst durch die Wehrmacht zur Garnisonsstadt. Die Kasernen am Stadtrand in Richtung Beeskow und die als Übungsgelände benutzten, von kleinen Seen durchsetzten Waldgebiete sind dann von Pionieren der DDR-Armee ausgebaut worden und dienen seit 1990 der Bundeswehr.

VON KIRCHEN UND CHRISTEN

Jedes dritte Dorf etwa hat eine Kirche, und keine ähnelt der andern, wenn es manchmal auf den ersten Blick auch so scheint. Am häufigsten sind die unverwüstlichen Feldsteinbauten des Mittelalters, die nach Zerstörungen in Kriegen und Feuersbrünsten alle mehr oder weniger umgebaut, auch verschandelt wurden, manchmal auch so, daß von der Würde ihres Alters nichts mehr zu merken ist. Es gibt aber auch die weniger stabilen Fachwerkbauten, die meist aus dem 18. Jahrhundert stammen, einen barocken Zentralbau, den hier niemand vermuten würde, und auch einige neugotische Kirchen aus der Zeit um 1900, die höhere Türme als die älteren haben, die Dächer der Dörfer also überragen und von weither gesehen werden können, so daß sie auch die Landschaft verschönen – was man von den Windrädern, die sie noch überragen, wirklich nicht sagen kann.

Gemeinsam ist allen Kirchen in Dörfern und Städten, daß sie ins Zentrum gestellt wurden, wie es ihrer früheren Bedeutung entsprach. Noch vor einem halben Jahrhundert trafen sich in ihnen fast alle Einwohner jeden Sonntag zu Gottesdiensten. Heute aber haben manche Dorfbewohner ihre Kirche noch nie, oder nur bei Konzerten, von innen gesehen. Im 18. und 19. Jahrhundert hatte man, um der wachsenden Bevölkerung Platz zu schaffen, in viele Kirchen Emporen einziehen lassen, heute reißt man sie bei Umbauten gern wieder ab. Denn gepredigt wird oft vor fast leeren Bänken. Jeder Sonntag in einer Dorfkirche macht die Entchrist-

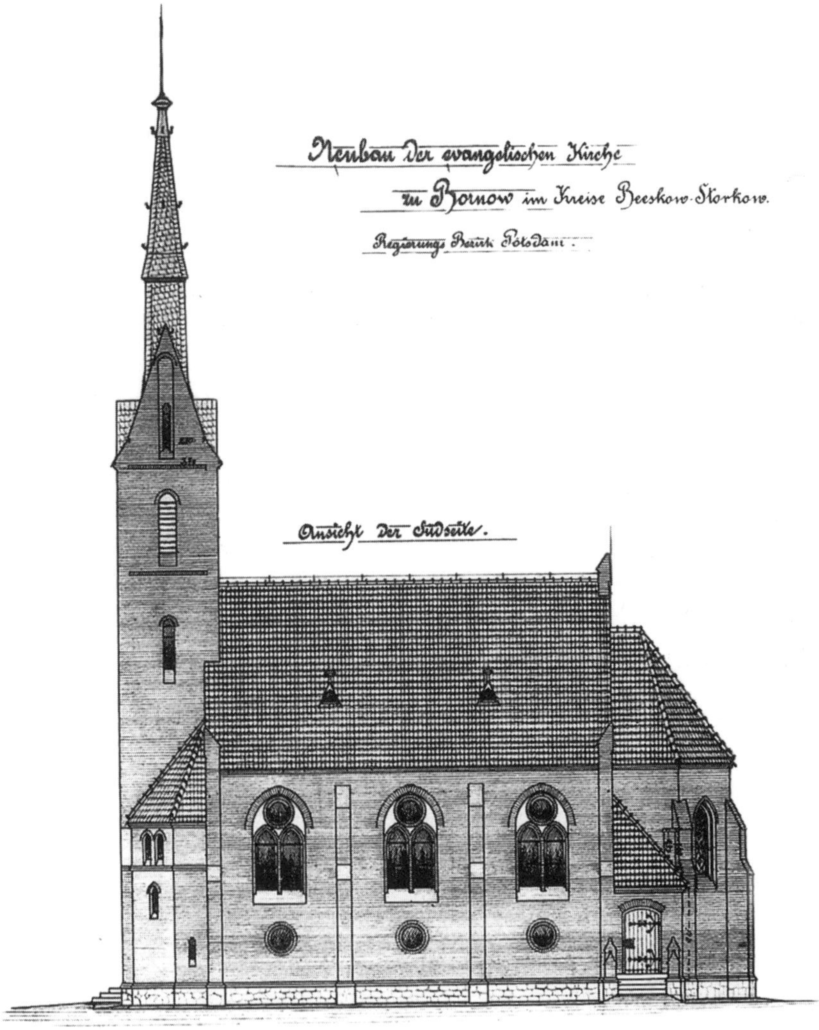

Bauzeichnung der Kirche von Bornow aus dem Jahre 1890

lichung anschaulich, die das vorige Jahrhundert gebracht hat. In manchen Dörfern sind die Kirchen weitgehend funktionslos geworden, weil die wenigen noch vorhandenen Pfarrer, die viele Dörfer mit immer kleiner werdenden Gemeinden zu betreuen haben, statt vor leeren Kirchenbänken lieber in kleinen, heizbaren Räumen predigen. Neben den Gemeinderäumen in Pfarrhäusern hat man ehemalige Patronatslogen, abgeteilte Chöre oder Turmzimmer, die dann als Winterkirchen bezeichnet werden, zu diesem Zweck ausgebaut. Auf volle Kirchen können die Pastoren nur zu Weihnachten hoffen, wenn Christen und Nichtchristen, von denen die meisten die traditionellen Lieder und Gebete nicht mehr beherrschen, die Bankreihen in der Erwartung füllen, hier noch ein wenig gemütvolle Weihnachtsstimmung zu finden, die ihnen zu Hause fehlt.

Und stimmungsvoll sind erstaunlicherweise die Heiligabendgottesdienste in den kleinen Kirchen tatsächlich. Zwar hat der Tannenbaum, der nicht fehlen darf, nur elektrische Kerzen, die eisigen Temperaturen machen jeden Atemzug sichtbar, und da die Orgel schon seit dem Kriege defekt ist, bleibt der Gesang ohne Begleitung jämmerlich dünn. Die Predigt ist, der Kälte entsprechend, nur kurz und oft dürftig. Und trotzdem spürt man die Festtagsstimmung, die die dicht gedrängt sitzenden, in Wattejacken und Wintermäntel gehüllten Leute bewegt. Vage Sehnsucht nach dem Verlorenen, mit der sie nicht allein sein wollen, hat sie hierher getrieben, und ihr festliches Gestimmtsein wird mehr als vom Pastor von ihrem Bedürfnis danach erzeugt. Beim Schlußlied der »Stillen Nacht, heiligen Nacht« gibt es einige Tränen, von denen man befürchten muß, daß sie anfrieren. Doch das Schönste, nämlich der Aufbruch, steht noch bevor. Dann dürfen die vor Kälte erstarrten Glieder sich wieder rühren, die vorher ernsten Gesichter, die man fast alle kennt, jetzt aber erst grüßt, beginnen in der Erwartung der warmen Weihnachtsstuben zu strahlen. Ein frohes Fest wünschend, schüttelt man vor der Kirchentür zehn, zwanzig, dreißig Hände und eilt, den Mantelkragen hochgeschlagen, im schneidend kalten Ostwind mit der schönen Illusion nach Hause, daß trotz aller Selbstverleugnung, die wir uns bußfertig auferlegen, für unsern christlichen Kulturkreis doch noch Zukunftshoffnung besteht.

Für Fest- und Feiertage, die das Arbeitsjahr gliedern, war jahrhundertelang die Kirche zuständig gewesen, doch als die Staaten im 19. Jahrhundert begannen, auch Geist und Gemüt der Bewohner in ihrem Sinne zu lenken, wurden neben den Festen der Kirche auch solche der Staaten üblich, die dann in den Diktaturen des 20. Jahrhunderts die kirchlichen völlig verdrängen sollten, was aber nicht immer gelang. Die DDR, die in ihren Anfängen grobe Methoden der Religionsunterdrückung gewählt hatte, in reiferen Jahren aber sanftere bevorzugte, war damit, wie man heute sieht, sehr erfolgreich, und zwar unter anderem auch deshalb, weil sie klugerweise die verlorengehenden kirchlichen Feste durch ihre eignen ersetzte. Der tradierte Hang zum Feiern, der sich vielleicht in der Eintönigkeit des Landlebens stärker ausgeprägt hat als in den Großstädten, wurde geschickt für ihre Ziele genutzt. Mit Hilfe der ideologisch straff gelenkten Schulen gelang das am besten bei den Jugendlichen, die in den letzten DDR-Jahrzehnten in ihrer großen Mehrheit statt der kirchlichen Konfirmation die Jugendweihe im staatlichen und im familiären Rahmen festlich begingen – und heute noch immer begehen. In jedem Frühjahr, wenn die regionale Presse politisch-weltanschaulich ausgewogen sowohl von den örtlichen Jugendweihen als auch von den Konfirmationen berichtet, feiert die DDR posthum Triumphe, wenn auf den Fotos vor der Kirche neben dem Pastor drei linkisch in festlicher Kleidung posierende Konfirmanden, vor dem Kultur- oder Gasthaus aber dreißig nicht weniger linkische Jugendgeweihte zu sehen sind.

Wie zu befürchten, bedeutet diese hier sichtbar werdende Abkehr vom kirchlichen Leben wohl nicht nur das nahende Ende christlicher Riten, sondern auch das christlicher Traditionen geistig-moralischer Art. Leider tritt, wie es aussieht, an deren Stelle nicht, wie Jugendweiheprediger es sich wünschen, ein auf Solidarität orientierter Humanismus, sondern in den meisten Fällen ein oberflächlicher Nihilismus, der sich in konsumgläubigem Egoismus erschöpft.

Die Entkirchlichungserfolge, die die DDR (nicht aber zum Beispiel die kommunistische Herrschaft im katholischen Polen) erzielen konnte, wären wohl aber ohne die Vorarbeit früherer politischer Systeme nicht möglich gewesen, wobei nicht nur an die Nationalsozialisten, sondern auch schon an die preußische Vernunftstheologie des 18. Jahrhunderts zu denken ist. Da sich die Evangelischen Landeskirchen schon seit der Reformation eng mit den politischen Mächten der Monarchie verbunden hatten und speziell im 19. Jahrhundert Altar und Thron immer zusammendachten, mußten sie nach dem Sturz der Monarchie in eine Krise geraten, die bis zu den Bewährungs- und Zerreißproben der Hitlerjahre noch nicht überwunden war. Manche brandenburgischen Protestanten, die in Jahrhunderten gelernt hatten, daß Staat und Kirche zusammengehörten, ja, eigentlich eins waren, konnten nach den wenigen Demokratiejahren sich Hitler leicht an die Stelle des Königs denken und nach seinem Ende, als die staatliche Obrigkeit atheistisch wurde und Gebete durch Litaneien politischer Phrasen ersetzte, sich auch an diese anpassen, wie seit jeher gewohnt. Machte sich in preußischen Zeiten der Verächter der Kirche im Dorf verdächtig, richtete sich nun der Verdacht auf jeden, der ihr die Treue hielt.

Bedenkt man, daß als Folge der Aufklärung überall in Europa eine Entchristlichung einsetzte, die sich im 20. Jahrhundert, mit unterschiedlicher Intensität freilich, verstärkt fortsetzte, könnte man künftig vielleicht zu der Meinung kommen, daß die kommunistischen Herrscher mit ihren rigiden Unterdrückungsmaßnahmen nur eine Entwicklung beschleunigt haben, die anderswo sanfter und allmählicher vor sich gegangen ist. In dem Halbjahrhundert seines Bestehens hat auch der westliche deutsche Staat eine Wendung zum Nichtchristlichen hin genommen, und bei dem Bemühen um ein geeintes Europa rückt die Besinnung auf gemeinsame christliche Traditionen immer mehr in den Hintergrund. Die sich mehrenden Kirchenaustritte erfolgen heute nicht mehr durch politische Drangsalierung, sondern aus Unglauben oder aus Gründen finanzieller Ersparnis, sie führen aber zum gleichen Ergebnis. Die Hoffnung mancher Christen im Osten, die Wiedervereinigung würde auch ein Wiederaufleben kirchlichen Lebens mit sich bringen, erwies sich als Illusion.

Mehr und mehr werden die Kirchenbauten, die in DDR-Zeiten teilweise nur durch Spendengelder westdeutscher Kirchen und das Handanlegen der Pastoren mühsam erhalten werden konnten, so zu Vergangenheitszeugen, doch ist der Wille, sie zu erhalten, erfreulicherweise auch in breiten außerkirchlichen Kreisen da. Aus einem Bewußtsein kultureller Verpflichtung kümmern sich heute glücklicherweise neben der ärmer werdenden Landeskirche und den ebenso unter Geldmangel leidenden amtlichen Denkmalsschützern auch verschiedene Fördervereine und private Spender um die christlichen Denkmäler, so daß eine kulturelle Selbstaufgabe aus ökonomischen Zwängen in dieser Hinsicht vielleicht doch zu verhindern ist.

Katholiken gab es in unserer Gegend wie in ganz Brandenburg seit der Reformation nur wenige, und diese wurden, wie auch die Wanderarbeiter aus Polen und die katholischen Soldaten, bis in die zwanziger Jahre des vorigen Jahrhunderts von einem auswärtigen Geistlichen, der weite Wege zu machen hatte, betreut. Er kam aus Neuzelle, einer in Richtung Schlesien, in Odernähe, gelegenen katholischen Enklave, die sich um ein 1817 aufgelöstes Zisterzienserkloster gebildet hatte, dessen süddeutsch anmutende barocke Kirche bis heute ein Anziehungspunkt nicht nur für Katholiken geblieben ist. Am Rande von Beeskow, im heutigen Stadtpark, dem sogenannten Irrgarten, hatte dieser Pfarrer 1855 ein Wohnhaus erstanden, das als Kapelle diente, bis 1928 eine kleine Kirche mit Pfarrwohnung gebaut wurde, die heute noch steht. Durch die Vertriebenen aus dem Osten vergrößerte sich nach 1945 die katholische Gemeinde, doch dem Schrumpfungsprozeß der letzten Jahrzehnte unterliegt auch sie. Liest man in ihrer Chronik, daß sich noch nach dem Ersten Weltkrieg bei den Einwohnern Widerstand regte, als ein katholischer Priester sich eine Wohnung in Beeskow mieten wollte, so könnte man sich über die heute herrschende Toleranz glücklich schätzen, wüßte man nicht, daß sie vor allem auf der Gleichgültigkeit allem Religiösen gegenüber beruht.

VON SEEN UND FLÜSSEN

Als Theodor Fontane, um Stoff für seine »Wanderungen durch die Mark Brandenburg« zu sammeln, zwei Fahrten in unsere Gegend machte und sie dabei ein »romantisches Land« nannte, meinte er nicht das kahle Plateau, sondern die waldreichen Niederungen damit. Ziel waren ihm der Scharmützelsee und zwei Adelssitze, Groß Rietz und Schloß Kossenblatt nämlich, wo er dann viel Berichtenswertes fand. In den Höhendörfern, die auf seinem Wege lagen, sah er dagegen nur die Unfruchtbarkeit der Böden, auf deren bebauten Flächen er jeden Halm zählen zu können meinte, und durch Begegnungen mit einigen der armen Leute ließ er sich zu der Behauptung verleiten, daß dürftige Lebensweise auf diesen sandigen Böden Geiz und Mißtrauen fördere und den Charakter verderbe. »Und wo der reine gelbe Sand is, is auch immer der reine gelbe Neid.«

Der Scharmützelsee, den Fontane für die Berliner sozusagen entdeckte und, wie die Tourismuswerbung behauptet, das »märkische Meer« nannte (was Fontane-Kenner aber nicht bestätigen können), nahm schon bald nach 1900 eine besondere, von seinem Umland getrennte Entwicklung, er wurde nämlich an seiner Nordhälfte, dem heutigen Bad Saarow, für die Hauptstädter zu einer Sommerfrische mondäner Art. Wer es sich leisten konnte, hier ein Landhaus für den Sommer bauen zu lassen, hatte vor allem am Schwimmen und Segeln Interesse und setzte kaum einen Fuß in die nahen Höhendörfer, wo es nur langweilige Äcker

Alte Zugbrücke über die Krumme Spree bei Werder, die um 1985 wegen Baufälligkeit abgerissen werden mußte. Sie wurde durch eine einfache Holzbrücke ersetzt.

gab. Bei dieser Trennung der Sphären zwischen Vergnügen und Arbeit ist es bis heute geblieben. Nach Krieg, Nachkrieg und jahrzehntelanger Besetzung der Kuranlage durch sowjetische Offiziere blüht der Kurort Bad Saarow heut wieder, aber die seefernen Dörfer werden davon kaum berührt. Ähnlich verhält es sich in der ganzen Gegend: nur wo Wald ist und Wasser, findet man Ausflügler und Urlauber, nur an Badeseen entstehen Hotels, Campingplätze und Imbißbuden. Ruhebedürftige Individualisten sollten sich ihren Platz also nicht an den Seen um Storkow oder am spreedurchflossenen Schwieloch suchen, sondern sich an die Plateaudörfer oder an wenig bekannte Niederungen halten, in denen kein zum Baden und Bootfahren geeigneter See lästige Besucher lockt.

Wenn die Spree den Ober- und den Unterspreewald durchlaufen hat und sich am Südrand der Hochfläche nach Osten wendet, beginnt zwischen dem Neuendorfer und dem Schwieloch-See eine Strecke von fast zwanzig Kilometern, auf der sie sich in tollen Kurven durch die geräumige Niederung windet und ihre Wasser auch immer wieder auf Nebenarme verteilt. Sie tut also so, als wollte sie hier einen dritten Spreewald bilden, und verführt dadurch Gastwirte dazu, den werbewirksamen Namen auch für sich zu verwenden, doch ist der Erfolg dieser Täuschung bisher nur gering. Außer Anglern, die das Alleinsein lieben und sich nicht gern nach dem Fangerfolg fragen lassen, wird man hier, selbst in der Nähe der wenigen Dörfer, auf Spaziergängen kaum einem Menschen begegnen, und nur in den Sommerwochen wird man vereinzelt Paddler mit der schwachen Strömung vorbeiziehen sehen. An den Ufern entlang gibt es keine Wege, geschweige denn Straßen, überall aber weglose Wiesen, Schilffelder mit Wildschweinpfaden, sumpfige Erlenwälder, und nur dort, wo Nebenarme an die Hänge der beidseitigen Höhen stoßen, reichen die trocknen Kiefernwälder, in denen sich verschlungene Wege immer finden lassen, bis an das Wasser heran.

Als Krumme Spree wird dieser Abschnitt des Flusses bezeichnet, in dem er sich am südlichen Rand der Beeskower Hochfläche bewegt. Bis 1815 markierte er hier die Grenze zu Sachsen, und als danach die Niederlausitz, also auch der Spreewald, preußisch wurde, machten die Behörden den umgangssprachlichen Namen amtlich; sie schufen nämlich aus den Gebieten um Beeskow und Lübben den sogenannten Krummspreeischen Kreis.

Grund für diese Neuordnung, die Storkow von Beeskow und Lübben von seinem Hinterland trennte, war wahrscheinlich die Absicht, die alten und neuen Landesteile einander näherzubringen, die Spreegrenze in den Köpfen also vergessen zu machen. Doch hatte dieser Traditionsbruch, der hier und dort Unwillen erregte, wie manche heutige als Reform ausgegebene Verwaltungswillkür nicht lange, nämlich nur zwanzig Jahre, Bestand. Danach gab es wieder den Kreis Beeskow-Storkow. Und noch zu Anfang des 20. Jahrhunderts wurden die südlich der Spree liegenden Dörfer im allgemeinen Sprachgebrauch die sächsischen genannt.

Der Neuendorfer See, der früher auch als Prahm- oder Brahm-See bezeichnet wurde, war in vergangenen Jahrhunderten insofern wichtig, als von ihm aus die Spreeschiffahrt begann. Die Brücken, die die an ihm beginnende Krumme Spree überquerten, waren deshalb alle auch Zugbrücken, von denen heute nur eine, als Nachbau, erhalten ist. Bis zum Ende des 19. Jahrhunderts konnte dieser Abschnitt des Flusses aber nur von flach gebauten, den Spreewaldbooten ähnlichen, kleinen Lastkähnen befahren werden. Sie transportierten vorwiegend das Holz der damals wie heute waldreichen Gegend nach Berlin. Erst eine Flußregulierung und der Bau zweier Schleusen um 1900 erlaubten auch den Verkehr mit größeren Schiffen, doch kam, der Konkurrenz der Eisenbahn wegen, die Frachtschiffahrt hier bald zum Erliegen, und nur in den Sommerwochen wurde der Fluß ein wenig von Wassersportlern belebt. Doch auch damit war es 1987 zu Ende, weil die Schleuse in Kossenblatt ihren Betrieb wegen Baufälligkeit einstellen mußte und nun nur noch für kleine Boote, die sich umtragen oder auf Schleppen befördern lassen, eine Verbindung zu den Berliner Gewässern besteht.

Um die Größe eines geplanten Neubaus der Schleuse gibt es seit Jahren Streit. Während die örtlichen Behörden von der Be-

Wehr an der Kossenblatter Schleuse. Die Brücke wurde 1945 gesprengt.

lebung des Tourismus durch Fahrgastschiffahrt träumen, wollen die Naturschützer hier nur Sportboote dulden, die vor hundert Jahren vorgenommenen Begradigungen wieder rückgängig machen und die damals totgelegten Nebenarme mit dem Hauptstrom wieder verbinden. Daß die Graureiher, die noch vor drei Jahrzehnten in Scharen hier lebten, Horstkolonien auf den Kiefern des Niederungsrandes bauten (und mit ihren Kotmassen die Nistbäume zum Absterben brachten), heute aber nur noch vereinzelt auftreten, nach der Renaturierung des mäandernden Flusses zurückkehren werden, ist aber kaum anzunehmen; denn auch dann wäre das Hauptproblem der Spree nicht beseitigt: ihr zu niedriger Wasserstand.

Die fünf an der Krummen Spree liegenden Dörfer, die alle eine eigne Brücke haben, heißen Alt Schadow, Werder, Kossenblatt, Briescht und Trebatsch, wobei letzteres in den Hitlerjahren Leichhardt genannt wurde, des in Australien berühmten Forschers Ludwig Leichhardt wegen, dessen Lebensweg in Trebatsch begann und in australischen Wüsten zu Ende ging. Alle diese Dörfer hatten früher unter Hochwasser zu leiden, das heute nicht mehr zu fürchten ist. Die Niederungswiesen, die früher, auch zur Freude der Reiher, im Winter und im Frühjahr überschwemmt wurden und Fischen Laichplätze boten, bleiben heute zu jeder Jahreszeit trocken, da die Spree von Jahr zu Jahr weniger Wasser führt. An ihrem Oberlauf in der Lausitz wird es ihr seit Jahrzehnten durch den Abbau von Braunkohle abgegraben, und wenn die Tagebaue stillgelegt und geflutet werden, so dient teilweise dazu auch das Wasser, das der Spree in ihren unteren Bereichen fehlt. Auch ist überall der Grundwasserstand niedriger geworden, und die in letzter Zeit häufiger vorkommenden trocknen Sommer verschärfen noch das Problem.

Unsere zahlreichen Seen gehören teilweise, um Storkow herum nämlich, zu den Dahme-Gewässern, in der Umgebung von Beeskow aber zu denen der Spree. Zum Leidwesen der Wassersportler haben beide Systeme hier keine Verbindung miteinander, obwohl die sie trennende Landbrücke an einer Stelle, zwischen Alt Schadow und dem Springsee nämlich, nur sechs Kilometer beträgt. Hier und dort sind in den letzten Jahrzehnten Campingplätze entstanden, doch gibt es auch Seen, meist kleinere, die frei davon blieben, weil sie sich zum Baden oder Bootfahren nicht eignen, so daß bis heute nur selten ein städtischer Ausflügler ihre Ruhe stört. Reihenweise in Geländerinnen verborgen und durch schmale Wasserläufe verbunden, sind sie teilweise im Verlanden begriffen. Es gibt aber auch Einzelexemplare, die zwischen sandigen Hügeln versteckt in den strohtrocknen Wäldern liegen, scheinbar weder Zu- noch Abflüsse haben und jeden Wanderer, der sich hierher verirrt, glauben machen, kein Menschenauge habe sie vor ihm erblickt.

Einige dieser vereinzelt liegenden kleinen Gewässer, die dazu verführen, sie verwunschen zu nennen, liegen in einem sandigen Miniaturgebirge, das, obwohl eine Bundesstraße und die schon erwähnte eingleisige Bahnstrecke es durchschneiden, nur wenige Leute kennen, weil sein Betreten schon seit einem Menschenalter verboten ist. Nachdem schon die Wehrmacht das unwegsame, schluchtenreiche, vorwiegend von Wald bedeckte Gelände für sich beansprucht hatte, war die DDR-Armee geheimnisvoll in ihm tätig gewesen, und heute können sich kriegübende Bundeswehrpioniere, falls sie Sinn dafür haben, an den Seen erfreuen. Alte Leute wie ich beispielsweise verbinden mit dem Gelände noch Erinnerungen aus Kindheitstagen, als sie es in den Sommerferien auf der Suche nach Pilzen und Blaubeeren durchstreiften, sich an den kleinen Seen, die eigentlich alte Sagen von verzauberten Prinzessinnen verdienten, wie aus der üblen Gegenwart herausgefallen fühlten – und es nach etwa sechs Jahrzehnten, in den Wendezeiten um 1990, als die Verbotsschilder des verendeten Staates nicht mehr galten und die langersehnte Freiheit grenzenlos dünkte, wiedersehen konnten – wenig verändert und doch böse verfremdet durch Bunkerbauten, Raketenwerferattrappen und baumlose Flächen, die Panzerketten in eine Sahara verwandelt hatten, über die der Wind Sandwolken trieb.

VON BEDÜRFNISSEN UND WÜNSCHEN

Daß es oft nur eines Schrittes bedarf, um aus einem der sprichwörtlichen Merkmale der Mark, dem Sand, in ein anderes, den Sumpf, zu geraten, ist hier oft zu erleben, in einem schmalen Plateaueinschnitt beispielsweise, in dem ein dünnes Rinnsal, ohne ein Dorf zu berühren, vier verlandende Seen und mehrere Wiesen, die offensichtlich vor Zeiten mal Seen waren, miteinander verbindet, um schließlich, nach einem Lauf von etwa fünfzehn Kilometern, zwischen mannshohem Schilf und Erlenbüschen versteckt, in die Spree zu fließen, die, wie gesagt, die Hochfläche im Süden und Osten begrenzt. Obwohl das Rinnsal, das eigentlich ein Bach ist, anderswo Fließ heißen würde, hier aber Graben, genauer: Blabbergraben, genannt wird, im Sommer austrocknet, sollte man bei seiner Erkundung doch mit nassen Füßen rechnen, denn seines schwachen Gefälles wegen bleiben in seinem Bett und in dessen Nähe auch in heißesten Wochen Tümpel und sumpfige Stellen zurück. Aber nicht nur ihret-, sondern auch des Sandes wegen sollte man hier auf die Benutzung eines für gepflasterte Straßen bestimmten Fahrzeuges verzichten, weil die Feld- und Waldwege, die zu jeder Jahreszeit andere Tücken haben, zum Verirren einladen und oft, da Autos im Wald nichts zu suchen haben, durch Schranken, die nur von Schlüsselbesitzern geöffnet werden können, unpassierbar gemacht worden sind.

Hier war es, wo meine Liebe zu dieser Gegend erwachte und zu einer beständigen wurde, weil sie, meines fortgeschrittenen

Alters wegen, den Wechseln jugendlicher Entwicklungsstadien nicht mehr unterworfen war. Als einer Liebe auf den ersten Blick mißtraute ich ihr – aus Erfahrung, und doch hatte sie, wie mir heute scheint, von vornherein den Charakter der Dauer an sich, zumindest aber die Gewißheit, die letzte zu sein. So fraglich es war, ob sich der Wunsch, hier heimisch zu werden, verwirklichen ließe, so sicher war, daß er nicht mehr vergehen würde, ob er nun erfüllt werden konnte oder nicht. Die Gewißheit, die ich da plötzlich spürte, war die des Zusammengehörens. Hier war der Ort, der für mich bestimmt war. Ich hatte ihn zufällig gefunden, ohne nach ihm gesucht zu haben. Und obwohl die Verführung, die von ihm ausging, zum Teil auf einem Irrtum beruhte, hielt er alles, was er auf den ersten Blick zu versprechen schien.

Der Irrtum, der in der Vorstellung bestanden hatte, dieser Ort sei ein völlig vergessener und läge fernab aller menschlichen Siedlung, war dadurch entstanden, daß ich auf einem dreistündigen Waldspaziergang, den ich mit einigen Freunden unternommen hatte, kein Dorf berührt hatte und keinem Menschen begegnet war. Auch irrte ich mich, weil mir hier jede Erfahrung fehlte, bei der Datierung dessen, was Historiker Wüstung nennen. Denn als ich Haus und Garten erstmalig erblickte, schienen sie mir schon seit Jahrzehnten verlassen, und da zwischen den Asche- und Abfallhaufen, die wir beim Nähertreten umgehen mußten, ein verrosteter Stahlhelm Aufmerksamkeit erregte, bot sich das Jahr 1945 als möglicher Zeitpunkt für die Aufgabe der einsamen Behausung an. Verschätzt hatte ich mich damit um fast zweiundzwanzig Jahre. Denn wie ich später erfahren konnte, war die letzte Bewohnerin der Ruine erst ein Vierteljahr tot.

Ein kärgliches Leben, bestimmt keine Idylle, war hier kürzlich zu Ende gegangen, und da, des Sandes und der Trockenheit wegen, die Naturkräfte zu dürftig waren, um die traurigen Reste mit frischem Grün bedecken zu können, hatte Ärmlichkeit auch im

Verfall noch den Charakter als solche bewahrt. Schön war es also nicht, was mich hier auf den ersten Blick entflammte. Der Funke kam auch nicht aus diesen traurigen Resten, er kam, wie ich heute weiß, aus mir selbst. Die Verlassenheit dieses Ortes erweckte in mir eine Sehnsucht, die nichts oder nur wenig von romantischen Waldeinsamkeitsgefühlen hatte und deshalb vielleicht mit dem Ausdruck Bedürfnis genauer bezeichnet ist. Es war das schon lange vorhandene, aber nur in depressiven Momenten eingestandene Bedürfnis, mich von der Welt abzusondern, um allem, was mich an ihr bedrückte, aus dem Wege zu gehen.

Es war die DDR-Welt der sechziger Jahre, die ich manchmal nicht mehr ertragen zu können meinte, und zwar nicht, weil sie restriktiver oder mir gefährlicher geworden wäre (beides war in den vierziger und fünfziger Jahren viel mehr der Fall gewesen), sondern weil der Platz, den ich in ihr einnahm, ein selbstzerstörerischer war. Hätte mich meine Neigung vielleicht in ein Labor, eine Arztpraxis oder ein Forsthaus getrieben, wo befriedigende Arbeit nicht mit Selbstaussage verbunden sein mußte, wäre auch mir möglicherweise erlaubt gewesen, ein selbstzufriedenes Dasein in den enggezogenen Grenzen zu leben, wie ich es damals an anderen manchmal beobachten konnte und nach dem Ende der DDR wieder und wieder verwundert von vielen Leuten erfuhr. Mich aber, einen auf Literatur Versessenen, hatte mein pädagogisch angehauchter Hang zum Schreiben und, nicht zu vergessen, mein Ehrgeiz, in der Welt der Literatur etwas zu gelten, nach ersten Veröffentlichungen in eine Rolle getrieben, die auszufüllen mir in dem Maße schwerer fallen mußte, in dem die Zahl meiner Leser wuchs. Da ich zwar nie mit den Parteiwölfen geheult, sondern in meiner Ecke geschwiegen hatte, mein Schweigen aber auch als Zustimmung gedeutet werden konnte, war ich relativ leicht in die schreibende Zunft eingereiht worden, hatte unter dem Etikett eines politisch Unbedarften, dessen ideologisches Manko sich noch würde auffüllen lassen, erste Erfolge errungen, denen aber, was die Freude über sie dämpfen mußte, eine Kompromißbereitschaft der Zensur gegenüber vorausgegangen war. Da Öffentlichkeitserfolge nicht befriedigen, sondern anstacheln, ging das Bemühen, mir als Autor mit kritischer Sicht einen Namen zu machen, weiter, bis der sogenannte Durchbruch erreicht war, der sich damals kurioserweise durch die Beachtung auch im feindlichen deutschen Westen bewies. Damit aber war auch die Verantwortung der Öffentlichkeit gegenüber gewachsen, so daß Schweigen auch deshalb nicht mehr genügte, weil ich dem Staat, den ich nicht mochte, als Beweis seiner Freizügigkeit diente: Auch ein parteiloser, nichtsozialistischer Autor mit kritischer Sicht, so etwa hieß es, wird nicht nur geduldet, sondern hat auch Erfolg. Nur offener Widerstand hätte dagegen geholfen, der aber hätte bedeutet, früher oder später den Freunden, die den Weg nach Westen gewählt hatten, zu folgen, doch diesen Schritt wollte ich aus wechselnden persönlichen Gründen, zu denen nicht zuletzt auch meine Bodenhaftung gehörte, nur im äußersten Notfall tun. Der bequemste Weg, den mir viele schon vorgemacht hatten, wäre gewesen, das staatliche Reglement zum eignen zu machen, um unter der Reglementierung nicht mehr leiden zu müssen, mich also bekehren zu lassen, um die völlige Anpassung reinen Gewissens vollziehen zu können, aber dieser Weg war mir versagt.

Die Bedürfnisse, die sich damals, es war im Jahre 1968, beim Anblick der Ruinen im Walde regten, könnte man auch Fluchtwünsche nennen, die schon immer in mir gelauert und die nie entschiedene Frage nach dem Wechsel in den Westen immer wieder aufgeworfen hatten, nun aber plötzlich ein näheres Ziel hatten, das mir, wie ich heute weiß: fälschlicherweise, als eine Art Kompromißlösung erschien. Diese nicht weit vom vertrauten Berlin entfernte, aber schwer erreichbare Einöde in einer nicht weniger vertrauten Landschaft konnte ein Asyl für mich werden, ein Exil ohne schwierigen Wechsel, eine Flucht ohne Heimatverlust.

Selbstverständlich waren das Illusionen, an die ich sozusagen aus Notwehr glaubte, und sie erwiesen sich auch recht bald als solche und nicht erst fünfundzwanzig Jahre später, als ich genaue Wegebeschreibungen und Gebäudegrundrisse in meiner Stasi-Akte fand. Damals aber, als mir diese von der Natur bedrängten, aber von ihr noch nicht eroberten Ruinen zum ersten Mal vor Augen kamen, waren die Illusionen in mir so kräftig, daß es mir vorkam, als hätte ich die Existenz dieser Fluchtburg schon immer geahnt. Noch nie war ich hier gewesen, und doch spürte ich eine Wiedersehensfreude, die so etwa wie Erinnerung an oft wiederholte Träume war.

Verständlicherweise erregte meine Begeisterung bei den Freunden Befremden. Sie sahen nur Müll und Verfall, spürten nichts von der schönen Melancholie der sich langsam in Wildnis verwandelnden Trümmer und lehnten den Vorschlag einer genaueren Untersuchung entschieden ab. Sie waren müde und drängten heimwärts, ließen sich dann aber doch erweichen, in gehöriger Entfernung ein wenig zu rasten, während ich, nur begleitet von Mücken, Bremsen und vielen Arten von Fliegen, erstmalig den Fuß auf den trocknen Sandboden setzte, dem ich seither verbunden bin.

Der Geländeeinschnitt, dem unser Spaziergang gefolgt war, hat hier eine seiner schmalen Stellen, wo der Luftlinienabstand zwischen den beiden das Tal begrenzenden Höhen nur etwa zweihundert Meter beträgt. Die Höhe, von der aus wir auf das Anwesen hinuntersahen, war mit Kiefern bestanden. Der Sandhang, an dessen Fuß die Rückwand des Stallgebäudes von Büschen bedrängt wurde, erinnerte an eine Düne, an dessen Rändern sich Moos und einige trockne Gräser mühsam am Leben erhielten. Das graugrüne Moos knisterte, wenn man darüberging. Auf dem hinabführenden Weg hatten Feldsteine und zutage tretende Kiefernwurzeln kleine Stufen entstehen lassen, und der Regen hatte zwischen ihnen Rinnen gespült.

Vom Fuße des Steilhangs bis an den Graben senkte sich das Terrain nur noch allmählich und stieg hinter ihm bald wieder steil an. Damals wie heute wird der Graben flankiert von Erlen und Haselnußbüschen. Den damals noch bewirtschafteten schmalen Wiesenstreifen dahinter haben aber längst schon die Erlen erobert; und auf dem Hang hinter dem Graben, wo eine Süßkirschenplantage damals schon einen Unterbau von Kiefernsämlingen hatte, steht heute ein Hochwald, an dessen Rändern noch einige Kirschbäume am Leben sind.

Während die Freunde auf der Flucht vor den artenreichen Insektenschwärmen über die morsche Fußgängerbrücke die jenseitige Höhe erklommen, um auf der sich hier öffnenden Heide zwischen Ginster und vereinzelten Birken zu rasten, versuchte ich meine freudige Erregung zu dämpfen und das lädierte Anwesen mit möglichst nüchternen Augen zu sehen. Der verwilderte Garten reichte bis an den Graben. Von dem Holzzaun, der ihn umgeben hatte, waren nur noch vermorschte Reste vorhanden. Die kleinen, brachliegenden Äcker, die rechts und links von ihm lagen, endeten auf der einen Seite an einer Wildnis von Erlen und Weiden, auf der anderen an einer gelbgrauen Düne mit Flecken von türkisgrünem trockenem Moos. Ein alter Birnbaum war mit einem Busch Wildrosen verwachsen, dessen Triebe ihm bis in die Krone reichten. Von Apfelbäumen waren einige verwildert, von anderen standen nur noch traurige Stümpfe. Am Boden bewährten sich Quecken, wilde Stiefmütterchen und Natternköpfe als Hungerkünstler. Schlehenhecken trieben ihre Wurzelausläufer bis in die Nähe des Hauses, wo stachlige Pflaumenbüsche ihnen im Kampf um die Reste von Feuchtigkeit Konkurrenz machten. Und nur in Grabennähe fanden anspruchsvollere Pflanzen wie Disteln und Brennesseln Nahrung und gaben dem Garten einen Abschluß von frischem Grün.

Das Stallgebäude mit Feldsteinwänden, zwischen denen die Trümmer des Daches lagen, hatte nur Raum für zwei Kühe und einige Schweine geboten. Die Viehketten hingen noch in ihren eisernen Ringen. Russische und deutsche Stahlhelme, die dem Geflügel als Futternäpfe gedient hatten, waren an den Rändern von Rost zerfressen. Die wacklige Scheune, die man nachlässig aus Schalbrettern angebaut hatte, drohte in sich zusammenzufallen, hatte aber ihr Pappdach noch. An dem in ihr stehenden Pferdeschlitten, der Kartoffelklapper und der Dreschmaschine waren die Plünderer, die auf der Suche nach vergrabenen Schätzen den Tennenboden aufgewühlt hatten, anscheinend so wenig interessiert gewesen wie an dem stationären Petroleummotor, der, von Rost überzogen, vor dem Scheunentor stand.

Das Wohnhaus, dem Stall gegenüber, hatte geringere Ausmaße als dieser, war aber noch weitgehend intakt. Es war, wie Fachleute mir später versicherten, etwa zu Bismarcks Zeiten auf seinen niedrigen Feldsteinsockel gesetzt worden, hatte Wände, die innen aus ungebrannten Lehmsteinen bestanden und außen einen Mantel aus Backsteinen hatten, deren mit Lehm gefüllte Fugen schon so ausgewaschen waren, daß sich an manchen Stellen die Steine mit bloßen Händen herauslösen ließen. Dem Dach, dessen First starke Neigung zum Einsinken zeigte, fehlten an einigen Stellen die Ziegel, so daß der eindringende Regen schon ein Loch in die Lehmdecke der Stube gespült hatte. Durch die niedrigen Fenster, deren Scheiben erstaunlicherweise noch ganz waren, konnte man auf den Dielen den so entstandenen Lehmberg sehen. Fenster und Türen waren verschlossen. Die Einbrecher waren wohl durch die Kellerluke ins Haus gekommen; sie hatten Geschirr und Petroleumlampen zertrümmert und Schubladen und Schränke durchwühlt.

Mit den Mittelflurhäusern der Bauern, wie man sie überall in märkischen Dörfern findet, konnte sich dieses, das ich Wochen später besichtigen konnte, weder in Größe noch in Ausstattung messen. Es bot nur Raum für ein Wohnzimmer, eine Küche, eine Schlafstube und eine Speisekammer. Auf dem Dachboden, den man über eine steile Leiter erreichte, türmte sich das Gerümpel von zwei Generationen, unter dem neben Spinnradteilen und Butterfässern auch eine stabile Holzkiste, die einst dem Transport von 2-cm-Flak-Granaten gedient hatte, zu finden war. Die schmale Küche mit backsteinernem Boden wurde zur Hälfte gefüllt von zwei backsteinernen Herden, von denen einer für Kochtöpfe, der andere für einen Waschkessel bestimmt war. Durch eine Falltür konnte man in den Keller gelangen, der kunstvoll aus Feldsteinen gewölbt war. Unterkellert war aber nur die Küche, in den Wohnräumen lagen die von Mäusen zernagten Dielen direkt auf dem gelben Sand. Unter ihnen, wie auch in der Speisekammer, wo gestampfter Lehm die Dielen ersetzte, war nach Schätzen gegraben worden, und zwar nicht vergeblich, wie ich später erfuhr.

Der einzige Luxus des Hauses, das selbstverständlich weder Wasser- noch Stromanschluß hatte, bestand in einer in die Küche gelegten Handpumpe, die auch tatsächlich noch Wasser gab. Sie war die neueste Erwerbung im Hause. Vor ihrer Installierung hatte man das Wasser aus einem Ziehbrunnen schöpfen müssen, dessen aus Feldsteinen gemauerter Schacht in einiger Entfernung vom Hause noch aus dem Boden ragte. Er war bis in ein Meter Tiefe mit Asche und Müll gefüllt.

Was mich beim Blick durch die spinnwebverhangenen Fenster am meisten reizte, das waren Briefe und Fotografien, die verstreut zwischen Dreck und Scherben am Boden lagen. Da ich mich wenig später mit meiner schriftlichen Anfrage zufällig an das tatsächlich zuständige der fünf in der Nähe liegenden Dörfer wandte und der dortige Bürgermeister das herrenlose Gehöft im Walde schnell loswerden wollte, konnte ich es relativ schnell und billig erwerben und einige Monate später seine Inbesitznahme mit dem Sammeln und Säubern der Briefe, Schulhefte und Bilder beginnen. Ich erhoffte mir von ihnen Auskünfte über die Vorbewohner, doch war die Ausbeute gering. Mehr über sie war später im Dorf zu erfahren, besonders ausführlich vom Briefträger, der mir tagtäglich, und zwar bis zum buchstäblich letzten Tag seines Lebens, auf knatterndem Moped Briefe und Zeitungen brachte und gern und ausführlich davon erzählte, wie es früher hier war. Da erst die Geschichten von gestern das Heute verständlich machen, waren sie mir zum Heimischwerden nicht weniger als die Bewohnbarmachung des Hauses nötig. Doch zog sich diese, trotz der tatkräftigen Hilfe, die mir durch freundliche Dorfbewohner zuteil wurde, des Mangels an Geld, Zeit, Handwerkern und Baumaterialien wegen noch lange hin.

VON ZWERGEN UND RÄUBERN

Die Rinne des Blabbergrabens, die sich in Höhe der noch zu beschreibenden Blabbermühle am stärksten verengt, weitet sich weiter südlich wieder vor dem verlandenden Drobschsee zu einem ausgedehnten Wiesengelände, das in vorgeschichtlicher Zeit sicher zum Drobschsee gehört hatte und im Mittelalter durch Verlandung morastig geworden war. Auf dieser, von bewaldeteten Höhen umgebenen Fläche, die wohl erst in den letzten zweihundert Jahren entwässert worden war, erhebt sich bis zu einer Höhe von 18 Metern ein etwa 160 Meter langer und 80 Meter breiter, zweigeteilter Hügel, der eine Aussicht auf den nahen See nur in der kalten Jahreszeit bietet, weil er dicht mit Laubbäumen bestanden ist. Versucht man, seine steilen Hänge zu ersteigen, wird bald deutlich, daß es sich um eine alte Burganlage handelt, die aus einer natürlichen Erhebung herausgearbeitet worden ist. Der Kern der Anlage mit ihren zwei Kuppen ist nämlich von Wall und Graben umgeben, die in Teilen kaum noch erkennbar, an anderen Stellen aber noch gut erhalten sind.

Als Räuberberg (wie er auch anderswo vorkommt, bei Schmölln in der Uckermark zu Beispiel, bei Phöben im Havelland oder bei Belzig) wird dieser sagenumwobene Hügel schon seit vielen Generationen bezeichnet; schon auf einer Flurkarte der Görsdorfer Gemarkung von 1704 heißt er so. Die zu ihm gehörenden Sagen stammen wohl aus verschiedenen Epochen, die von den

Zwergen, die hier Lüttjen oder Luttchen oder Ludki heißen, noch aus wendischen Zeiten, während die von den Räubern frühdeutschen Ursprungs sind. Die Lüttchen, nach denen in unserer Gegend wie auch im Spreewald viele Bodenerhebungen heißen, waren in Erdhöhlen hausende kleine Leutchen, die, wenn man ihre Kreise nicht störte, gutmütig zu den Menschen waren, ihnen aber auch gern einen Schabernack spielten. Sie konnten aber Lärm nicht vertragen, und als von diesem, durch die Kirchenglocken zum Beispiel, kein Ort verschont wurde, wanderten die kleinen Heiden aus. Die Räuber dagegen, die nach ihnen hier hausten, lauerten an den Handelswegen und beraubten die Reisenden. Die dabei erbeuteten Schätze wurden von ihnen im Berge vergraben, wo sie, von einem schwarzen Hund bewacht, noch immer liegen und ihrer Entdeckung harren. Ein junges Mädchen, das die Räuber ein Jahr lang als Dienstmagd gefangen hielten, mußte vor ihrer Freilassung ewiges Schweigen schwören, und obwohl sie den Schwur hielt, erfuhren ihre Eltern davon. Denn das Mädchen erzählte, wenn sie beim Spinnen im Winter in der Stube allein saß, dem warmen Kachelofen ihre Geschichte, und da dieser von der Küche aus geheizt wurde, hörte die dort beschäftigte Mutter durch das Ofenloch zu.

Natürlich spukte es früher auch häufig in dieser Gegend. Es gab Irrlichter, die Nachtschwärmer in Sümpfe lockten, unheilverkündende kopflose Kälber, nach denen angeblich die Kalbsbrücke am Wege nach Schwenow benannt ist, den schwarzen Ziegenbock, der schwimmend den Wulfersdorfer See überquerte, wenn bald wieder ein Ertrunkener beklagt werden mußte, und dann auch die aus dem Spreewald bekannte Mittagsfrau oder Mittagsgöttin, die Pschesponica der Wenden, der man an heißen Sommertagen mittags auf den Äckern begegnen konnte, wo sie die Wahrung der Mittagsruhe bewachte und geizige Bauern, die ihre Leute auch in der Mittagssonnenglut arbeiten ließen, mehr oder minder hart strafte. Sie ließ die Ernte mißraten, oder sie köpfte die Missetäter, weshalb sie an manchen Orten auch Sichelhanne hieß.

Bei den Archäologen bekannt ist der Räuberberg schon seit der Mitte des 19. Jahrhunderts. Der Historiker Leopold Freiherr von Ledebur erwähnt ihn schon 1852, und er weiß vom Hörensagen zu berichten, daß man früher auf der südlichen Kuppe neben Mauerwerksresten und Pfeilspitzen auch eine starke Eisenkette gefunden habe, die möglicherweise Teil einer Zugbrücke gewesen sei. Besucht hat ihn auch der berühmte Pathologe und Politiker Rudolf Virchow, der sich auch für die heimische Archäologie interessierte. Aber auch er hat, des starken Wurzelwerks wegen, auf Grabung verzichtet, und dabei ist es, sieht man von Raubgrabungen ab, bis heute geblieben, immer wurde nur oberflächlich gesucht. Nicht bestätigt hat sich dabei die auch schon geäußerte Annahme, es habe sich um eine slawische Anlage gehandelt. Die Funde von Scherben, Messern, Feldsteinpflasterungen und verbrannten Lehmbrocken weisen vielmehr auf die ersten zwei Jahrhunderte der deutschen Besiedlung hin, so daß sich als historischer Kern der Räubersage eine durch das sumpfige Umland geschützte Befestigungsanlage aus frühdeutschen Zeiten, die in den politischen Wirren des 14. Jahrhunderts möglicherweise von Raubrittern genutzt wurde, vermuten läßt.

Die Schwertlilien, Himmelsschlüssel und Gedenkemein (Omphaledes), die man überraschenderweise hier findet, sollen im 19. Jahrhundert durch den Schwenower Gutsbesitzer von Sternizky hierher geraten sein. Angeblich hat er hier seine Hunde begraben und deren Gräber mit Blumen geschmückt.

VON RINDERN UND RENTNERN

Die in meiner Umgebung liegenden Dörfer heißen Kossenblatt, Schwenow, Ahrensdorf, Möllendorf, Premsdorf und Görsdorf, und das letztgenannte ist das für mich zuständige, an dessen Gemarkungsgrenze mein Grundstück liegt. Ein Schritt weiter beginnt die Gemarkung Schwenow, deren Geschichte sich im Detail von der Görsdorfs schon dadurch unterscheidet, daß die ausgedehnten Forsten, die es umgeben, nicht wie die Görsdorfer Wälder den Bauern, sondern bis 1918 den Hohenzollern gehörten; sie waren seit Friedrich Wilhelm I. königlicher Besitz. Auch die anderen Dörfer haben natürlich ihre eigne Geschichte, nur die Premsdorfer kann man mit der Görsdorfer zusammen denken, und zwar nicht nur weil die Dörfer eng beieinanderliegen und seit langem eine Gemeinde bilden, sondern weil schon seit alten Zeiten die Kirche, die Schule, der Friedhof von Görsdorf auch der von Premsdorf war. Unterschiedlich freilich ist beider Lage. Die Premsdorfer haben den nach ihrem Dorf benannten See vor der Haustür, der zwar in einem Teil schon verlandet, im anderen aber noch zum Baden einlädt, während die Görsdorfer völlig von ihren Äckern umgeben sind. Aber auch sie erreichen mit wenigen Schritten den Wald.

Um Görsdorf von zwei Orten gleichen Namens, die bei Storkow und bei Luckau liegen, unterscheiden zu können, wird heute der Zusatz bei Beeskow benötigt. Früher, als die Poststationen dezentraler lagen, hieß es erst bei Lindenberg, dann bei Kossenblatt. Es ist eines der kleineren Dörfer der Gegend und hat heute mit dem 1938 eingemeindeten Premsdorf und zwei, darunter meinem, im Walde gelegenen Ortsteilen zusammen knapp 200 Einwohner und seit kurzem keine kommunale Selbständigkeit mehr. Durch die Reformierungssucht der Behörden, die sich nicht darum scheren, daß sich die alte Erfahrung des von Oben-bestimmt-Werdens auch im demokratischen Staat wieder bestätigt, ist es gegen den Willen seiner Bewohner zum Ortsteil eines entfernten größeren Dorfes, namens Tauche, geworden, und auch seine Kreiszugehörigkeit hat sich kürzlich mal wieder geändert, weil der alte Kreis Beeskow (früher Beeskow-Storkow) in dem neuen Großkreis Oder-Spree aufgegangen ist. Ob mit diesen Zwangsmaßnahmen, wie man behauptet, Rationalisierung erreicht wird, ist fraglich, sicher aber wird durch solche Fremdbestimmung das Vertrauen in die Demokratie geschwächt.

Görsdorfs Gemarkung von etwa 1300 Hektar ist etwa zur Hälfte mit Wald bewachsen, die andere Hälfte besteht aus Wiesen und Äckern, die wie die meisten auf der Beeskower Platte ihrer leichten Böden wegen nicht sonderlich fruchtbar sind. Sie wird von mehreren Gräben durchzogen, die wie zwei kleine Teiche inmitten der Äcker im Frühsommer schon austrocknen, grenzt an drei Seen, die aber nicht zu ihr gehören, ist flach bis wellig mit einigen sanft ansteigenden Hügeln, die manchmal überraschende Ausblicke über mehrere Dörfer hin bieten, und senkt sich im westlichen Teil in die Rinne des Blabbergrabens, der wie auch teilweise der Wald heute unter Landschaftschutz steht.

Der geringen verkehrsmäßigen Erschließung wegen haben die Görsdorfer unter Verkehrslärm wenig zu leiden. Denn die Bundesstraße, die Storkow mit Beeskow verbindet und die man benutzen muß, um die noch weiter entfernte Autobahn zu erreichen, führt in acht Kilometer Entfernung an ihnen vorüber, und ebensoweit ist der nächste Bahnhof der schon erwähnten eingleisigen Eisenbahnstrecke entfernt. Zwar kann man nach dem zwölf Kilometer entfernten Beeskow auch Busse benutzen, da aber deren Fahrpläne sich vorwiegend nach den Bedürfnissen der Schulkinder richten, fällt den wenigen Görsdorfern, die kein Auto haben, das Fortkommen schwer. Der kleine Laden, in dem man früher die nötigsten Nahrungsmittel erstehen und den neuesten Dorfklatsch erfahren konnte, ist der Konkurrenz der Supermärkte zum Opfer gefallen. Ambulante Händler versorgen die alten Leute, die nicht nach Beeskow oder in eine nähergelegene Kaufhalle fahren können, mit den nötigsten Lebensmitteln. Auch die Kneipe ist nicht mehr vorhanden, aber ein Gemeindehaus auf dem Anger bietet Platz für Zusammenkünfte, und auch für die Dorfjugend ist hier ein Raum reserviert. Die Freiwillige Feuerwehr, 1924 gegründet, verfügt über ein Spritzenhaus und einen Turm zum Trocknen der Schläuche. Eine Jagdgenossenschaft der Grundeigentümer hegt und bejagd die wildreiche Gemarkung, in der besonders das massenhaft vorkommende Wildschwein zur Plage wird.

Mehrstöckige Plattenbauten aus DDR-Zeiten, wie sie viele Dörfer verunzieren, sind diesem erspart geblieben. Mit seinen meist einstöckigen Wohnhäusern, vierseitigen Höfen, hinter denen die Gärten liegen, und der Kirche in der Mitte bietet es noch immer den Anblick eines Bauerndorfes. Doch dienen die Scheunen und Ställe heute meist anderen Zwecken, und Vieh und Geflügel, zu denen sich Schwalben und Spatzen gesellen, sind nur noch selten zu sehen. Nach dem Ende der DDR, und damit auch des Zwanges zur Kollektivierung, sind nur zwei Bauern, die hauptsächlich Rinder halten, wieder selbständig geworden. Die übrigen Äcker und Wiesen bewirtschaften in benachbarten Dörfern ansässige Agrargroßbetriebe, die aus den Landwirtschaftsgenossenschaften hervorgegangen sind.

Neben den beiden, auf alten Familienhöfen wiedereingerichteten Landwirtschaften und einem neu etablierten Öko-Gärtner gibt es im Dorf noch eine seit drei Generationen hier ansässige Tischlerwerkstatt, die ihre Selbständigkeit in der DDR hatte erhalten können, das Büro eines Säge- und Schneidewerkzeugunternehmens aus dem deutschen Südwesten, das von hier aus seinen Handel mit Polen tätigt, und, als größten Arbeitgeber des Dorfes, einen Getränkegroßhandel, an dessen Entstehungsgeschichte sich deutsche Geschichte der letzten Jahrzehnte anschaulich machen läßt. Da flüchtete in den ersten Jahren der DDR, wie viele ostdeutsche Bauern, auch ein achtzehnjähriger Görsdorfer nach Westen, fand Arbeit auf westfälischen Gütern, kehrte aber zurück, als er in Görsdorf den Hof der Großeltern erbte, und die Westfälin, mit der er sich drüben verlobt hatte, ließ sich von Mauerbau und Kollektivierung nicht schrecken, sondern reiste ihm nach, heiratete ihn, gebar ihm drei Kinder und hielt dabei immer Kontakt zu ihren Verwandten, die jedes Jahr kamen, so daß die märkischen und westfälischen Kinder schon lange vertraut miteinander waren, als die trennende Mauer fiel. Als schon vor der staatlichen Einheit die Währung einheitlich wurde, war einer der gerade volljährig gewordenen westfälischen Söhne, der Kaufmännisches in einer Brauerei gelernt hatte, als einer der Ersten hier mit westlichen Bieren, brauchte aber noch einen DDR-Bürger, der das Grundstück erwerben und das Gewerbe anmelden konnte, wozu ihm sein gleichaltriger Vetter diente. So kam es, daß hier schon, bevor die Wiedervereinigung Deutschlands Wirklichkeit wurde, das Unternehmen einer wiedervereinigten Familie entstand.

Leider sind hier wie in allen Gebieten der Mark, die nicht direkt an Berlin grenzen, Zuzüge aus dem Westen Ausnahmen, Wegzüge in die weniger von Arbeitslosigkeit betroffenen Bundesländer aber die Regel. Besonders junge Leute verlassen die immer schon dünn besiedelte und heute sich weiter entvölkernde Ge-

Görsdorf von oben

gend, in der ein Mangel an Arbeitsplätzen und Bildungsmöglichkeiten besteht. Zurück bleiben die Alten, und da die wenigen Zuziehenden, die hier Ruhe vor den Menschenmassen und deren Getöse suchen, in den meisten Fällen ihre Jugend hinter sich haben, könnten bei gradliniger Fortsetzung dieser Entwicklung die Dörfer zu Reservaten der Alten werden, um irgendwann einmal ganz auszusterben – aber wann jemals hat eine Entwicklung sich gradlinig fortgesetzt.

Wenn die alten Leute des Dorfes, die sich lebenslang in den Wechsel von Sprachregelungen einüben konnten und sich deshalb heute wie selbstverständlich nicht mehr wie in DDR-Zeiten als Rentner oder Veteranen, sondern, westdeutsch, als Senioren bezeichnen, einmal im Monat im Gemeindehaus bei Kaffeee und Kuchen zusammenkommen, ist selten von Zukünftigem die Rede, das nur mit Sorge erfüllen könnte, häufiger von Vergangenem, Selbsterlebtem, das erstaunlicherweise frei von Ideologischem ist. Sie alle sind durch Hitlers oder durch Ulbrichts Schulen gegangen, aber von deren politischen Lehren ist kaum etwas an ihnen hängengeblieben, viel mehr wurde ihr Denken durch persönliches Erleben, das heißt durch Krieg, Vertreibung oder Enteignung, geprägt. Da Ideologisches sie nie interessierte, hatten sie bei politischer Indoktrinierung weder Grund zur Widerrede, noch waren sie sonderlich anfällig dafür. Sie wußten seit jeher, daß nicht politische Reden, sondern nur Tatsachen entscheidend waren, und denen sich mehr oder weniger anzupassen, hatten sie im Laufe des Lebens gelernt. Immer ging es ums Überleben unter nicht gar zu ärmlichen Bedingungen. Soweit sie es für erforderlich hielten, haben sie mitgemacht oder geschwiegen, sich aber nie vom Trauern abhalten lassen, auch wenn es verordnet war. Da die Trauer um die verlorene Heimat jenseits der Oder und die um ihre im Kriege gefallenen Väter, Brüder und Männer nie öffentlich hatte werden dürfen, haben sie auch das Schweigen über Verluste und das Sichabfinden mit den Tatsachen gelernt. Daß das Früher, welches auch immer, ausgenommen freilich die Kriegszeiten, besser war als das Heute, ist für sie selbstverständlich. Als Grund, von alten Zeiten zu schwärmen, genügt ihnen meistens die Tatsache, daß sie jung waren damals. Die Entrüstung unserer philosophierenden Politmoralisten, die die Unmöglichkeit eines richtigen, nämlich moralischen Lebens im falschen, gemeint ist in Unrechtsstaaten, behaupten, kümmert sie nicht. Wer nicht beteiligt war an Verbrechen, braucht sich solche nicht vorwerfen zu lassen, schon gar nicht von Leuten, die es nie nötig gehabt hatten, sich wegzuducken, wenn ein neuer Schicksalsschlag kam. Während des größten Teils ihres Lebens haben sie auf den Feldern, in Scheunen und Ställen Arbeit geleistet, die man heute als unzumutbar betrachtet, und wenn sie von sechzehnstündigen Arbeitstagen während der Heu- und Getreideernte, vom Kartoffellesen im herbstkalten Regen, auf Knien rutschend, oder vom Lärm und Staub auf der Dreschmaschine anschaulich berichten, ist nicht Wehleidigkeit herauszuhören, sondern Stolz. Sie sind stolz darauf, damals geleistet zu haben, was in diesen strapaziösen Formen heute keiner mehr leistet, und gern weisen sie auch auf das Sinnvolle ihrer früheren Arbeit hin. Ohne die Mühen des Bauern hätte alle Welt hungern müssen. Heute dagegen wird, aller Vernunft zuwider, das Brachliegen der Äcker belohnt.

Abgefunden scheinen sie sich mit der Tatsache zu haben, daß sie nicht mehr, wie die Alten früherer Generationen, als weise gelten oder sich dafür halten können, sondern daß ihre Lebenserfahrungen schon museumsreif sind. Das Leben, das sie mehr oder weniger erfolgreich durchgestanden haben, unterschied sich so gründlich von dem der heute Aufwachsenden, daß den Jüngeren Ratschläge geben zu wollen von vornherein aussichtlos scheint. An das Computerwissen, das schon die Schuljugend ihnen voraus hat, brauchen sie dabei gar nicht zu denken, es genügt, das

Bild des Dorfes, das es in ihrer Jugend bot, mit dem heutigen zu vergleichen, um zu begreifen, daß die Entwicklungsbeschleunigung die früher bestehende Erfahrungsverbindung zwischen den Generationen zerrissen hat. Auf der heutigen sauberen, frisch asphaltierten, mit Bordkanten und gepflasterten Fußgängerwegen versehenen Dorfstraße begegnet man kaum einem Menschen, grüßt höchstens durch Kopfnicken oder Handerhebung einen im Auto Vorbeifahrenden, kommt also selten dazu, ein Wort miteinander zu wechseln, so daß man immer weniger voneinander weiß. Früher, als auf der zweigeteilten, teils sandigen, teils kopfsteingepflasterten Straße nach Regengüssen noch lange die Pfützen standen, Kuhfladen zum Ausweichen zwangen, Pferdeäpfel von lärmenden Spatzen umringt waren, Hühner den Fuhrwerken erst im letzten Moment flügelschlagend auswichen, Schwalben wagehalsige Tiefflüge um die zur Koppel trottenden Kühe vollführten, blieb immer Zeit, ein paar Minuten auf der Dorfstraße zu plaudern, wenn man auf dem Weg zur Wiese einander traf. Damals hatte so gut wie jeder im Dorf seine Arbeitsstelle, sah die andern Tag für Tag auf benachbarten Feldern, an der Gemeindewaage, beim Viehtreiben, beim Schmied, in der Kneipe und sonntags im Gottesdienst. Mit Maschinen und Pferden half man sich aus miteinander, stritt mit den geizigen Anrainern um die zu schmal gepflügten Feldwege und wußte einander verbunden durch die gleichen Launen des Wetters und die Befehle der Obrigkeit. Als dann die LPG auch die Besitzer zu Arbeitern degradierte, kam die Schicksalsverbundenheit gleichmacherisch wieder, um sich 1990 radikal aufzulösen in eine Vereinzelung. Für die Älteren war es unmöglich, noch einmal Arbeit zu finden, und die Jüngeren finden keine in dieser Gegend, haben also weite Wege, die sie früh aufbrechen und spät heimkommen lassen, so daß man sie im Dorf kaum noch kennt. Wer gern den Traktor über die heimischen Äcker gesteuert hätte, fährt heute Fernlaster für eine

Blick von Görsdorf auf den Großen Kossenblatter (oder Wulfersdorfer) See. Nirgendwo in Wald und Feld fehlen die Hochstände der Jäger.

Hamburger Firma durch halb Europa, ist nur noch an jedem zweiten Wochenende zu Hause und sinnt darauf, ganz wegzuziehen. Zurück bleiben auf der schmucken neuen Dorfstraße ohne Menschen die Alten, die es noch lernen müssen, Mobilität als moderne Tugend zu schätzen, die auch Opfer verlangt.

Dieser Lernprozeß wird aber bei den Alten wohl nicht mehr gelingen. Denn sie, die gewohnt waren, in wechselnden Staaten zu leben, deren Lehren danach immer die falschen gewesen waren, haben sich angewöhnt wegzuhören, wenn Belehrung im Staatsinteresse angesagt ist. Auch die immer wieder geforderte Identifizierung mit den großen staatlichen Gebilden, bis hin zu Europa, macht ihnen ihre durch Erfahrung erworbene Skepsis schwer. Sie halten sich lieber an die engere Heimat, so daß sich bei ihnen 1990, als die ungeliebte DDR endete, die Freude über die Wiedervereinung auch im Bekenntnis zu Brandenburg äußerte, das nun wieder erstanden war.

Die Auflösung der alten deutschen Länder war ein Fehler der DDR-Oberen gewesen, den sie wohl auch am Ende erkannt hatten und gern wieder berichtigt hätten. Die Bezirke, die sie an deren Stelle gesetzt hatten, machten, ihrer Geschichtslosigkeit wegen, die Identifizierung mit ihnen nicht möglich. Niemand trauerte ihnen nach bei der Neuschaffung der Länder – doch werden kurioserweise bis heute ihre Grenzen durch die regionale Presse fixiert. Nach der Wiedervereinigung nämlich wurden in dem Bestreben, die zahlreichen Abonnenten der SED-Bezirkszeitungen zu halten, diese von den Medienkonzernen übernommen, ohne deren Verbreitungsgrenzen zu ändern, so daß die drei brandenburgischen DDR-Bezirke Potsdam, Frankfurt/Oder und Cottbus in der »Märkischen Allgemeinen«, der »Märkischen Oderzeitung« und der »Lausitzer Rundschau« noch weiterleben und ein anschauliches Beispiel dafür geben, daß Geschichte niemals gänzlich vergangen ist.

VON SLAWEN UND DEUTSCHEN

Geschichtsbewußte Leute vom Rhein oder von der Donau, die Reisen über die Elbe nach Osten wagen, spüren noch heute, daß sie ins Kolonialland fahren, wo die geschriebene Geschichte nicht wie bei ihnen zu Hause mit den Römern, sondern erst tausend Jahre später beginnt. Fahren sie gar in unsere Gegend, können sie zu der allgemeinen östlichen Geschichtsverspätung noch ein bis zwei Jahrhunderte zuschlagen, denn die deutsche Eroberung, Besiedlung und Christianisierung der Gebiete zwischen Elbe und Oder begann zwar schon im 10. Jahrhundert, dauerte aber, da nach Erfolgen auch Rückschläge kamen, besonders in unserm südöstlichen Raum bis zum Ende des 12. Jahrhunderts an. Die Existenz Havelbergs, nahe der Elbe gelegen, ist urkundlich schon für das Jahr 948 beglaubigt, Beeskow aber wird erst 1273 erstmalig in Dokumenten erwähnt.

Selbstverständlich hatte die ungeschriebene Geschichte, deren Erforschung archäologische Arbeit benötigt, schon weit früher begonnen; schon seit Jahrtausenden war unsere Gegend von Menschen wechselnder Kultur und Herkunft bewohnt. Zur Zeit von Christi Geburt saßen hier die germanischen Stämme der Burgunden oder der Semnonen, die im 4. Jahrhundert im Zuge der Völkerwanderung nach Südwesten zogen, so daß die im 7. und 8. Jahrhundert von Osten und Südosten her einwandernden Slawen hier Siedlungsraum fanden, unter ihnen auch die Lusici, die der Lausitz den Namen gaben. Beeskow-Storkow war bis ins 16. Jahrhundert ein nördlicher Teil von ihr.

Seitdem mit dem Bewußtwerden des Nationalen die Polen und Tschechen die alten slawischen Stämme und die Deutschen die Germanen als ihre Vorfahren entdeckt hatten, benutzte man sie auch immer wieder als Argumentationshilfe im politischen Kampf. Aktuelle Gebietsansprüche wurden mit der Ausdehnung historischer Siedlungsgebiete begründet, und bei Streitereien über die Höherwertigkeit der jeweiligen Kulturen mußten auch archäologische Funde herhalten und wurden dabei natürlich parteiisch interpretiert. Im 19. Jahrhundert befleißigte man sich überall dieser Methode, ihren Höhepunkt aber fand sie im 20., als die Nationalsozialisten ihre Träume von einem germanischen Weltreich blutig umzusetzen versuchten und ihre ersten Opfer, die Polen, es ihnen nach 1945 mit gleicher Münze heimzahlten, indem sie sich bei der gewaltsamen Westverschiebung ihres Staates, die für Polen und Deutsche Vertreibungen zur Folge hatte, auf eine Raumverteilung beriefen, wie sie vor tausend Jahren bestanden hatte. Heute hat, wie zu hoffen ist, dieser Unsinn ein Ende, und man kann sich schon wieder wie einst Fontane über Streitereien dieser Art amüsieren. In »Vor dem Sturm«, seinem ersten Roman, kann er die Fehden, die zwischen dem auf die Slawen schwörenden Justizrat und dem germanenbegeisterten Pastor toben, zu humoristischen Szenen gestalten, und wir können hoffentlich bald über eine politische Überkorrektheit lachen, die die Bezeichnung Germanen möglichst vermeidet und sich slawophiler Gefühle brüstet, als machte solche Art Selbstverleugnung die Sünden der Vergangenheit wieder gut.

Von unsicheren Ausnahmen abgesehen, stammen die frühesten urkundlichen Erwähnungen der hiesigen Dörfer und Städte aus dem frühen 13. Jahrhundert, und auch die Entstehung Görsdorfs darf man sich wohl in dieser Zeit etwa denken, wobei man, trotz des Fehlens entsprechender Bodenfunde, eine hier schon vorher vorhandene slawische Siedlung nicht ausschließen kann. Im nahen Buckow zum Beispiel, das auch seinen slawischen Namen erhalten konnte, gab es mit Sicherheit vor der deutschen Dorfgründung eine Siedlung der Slawen, von denen noch zwei Burgwälle künden, der eine, kaum noch erkennbar, inmitten von Äckern, der andere im Dorfe, rings um die Kirche und den Friedhof, wo beim Ausheben der Gräber immer wieder slawische Scherben zu finden sind.

Die planmäßige Anlage der damals gegründeten deutschen Dörfer ist in den meisten Fällen heute noch gut erkennbar. Fast alle, wie auch Görsdorf, haben die Form des Angerdorfes, in dem die Gehöfte mit den dahinter liegenden Gärten die sich gabelnde Straße flankieren, die in der Mitte den Gemeindebesitz, den Anger, umschließt. Bei der baulichen Ausweitung der Dörfer, die nur selten vor dem Ende des 19. Jahrhunderts begann, wurde in den meisten Fällen nur die Bebauung der einen Straße nach dieser oder jener Seite verlängert und im 20. Jahrhundert manchmal auch der Anger privat bebaut. Seltener gibt es bebaute Nebenstraßen, die aus seitlich abgehenden Feldwegen entstanden. In Görsdorf ist auf den ersten Blick zu erkennen, wo das mittelalterliche Dorf endet und der spätere Ausbau, in nur einer Richtung, beginnt.

Da die deutsche Besiedlung im Mittelalter, soviel man weiß, friedlich verlief, keine Verdrängung oder gar Ausrottung der slawischen Bevölkerung stattfand, die Neusiedler auf dem Lande (weniger in den Städten) vermutlich oft in der Minderzahl waren und sich mit den Einheimischen vermischten, ist erwiesen, daß noch Jahrhunderte lang in unserer Gegend die slawische Sprache, also das Altsorbische, das die Deutschen früher das Wendische nannten, vorherrschend war. Sicher wird es anfangs rein deutsche Dörfer gegeben haben, aber durch Fluktuation und Heiraten

Der slawische Burgwall in Buckow mit Kirche und Friedhof

ebnete sich die sprachliche Zweiteilung wohl auf die Dauer ein. Im Unterschied zu den Städten, wo die slawische Bevölkerung, hauptsächlich wohl aus Konkurrenzgründen, zeitweilig diskriminiert wurde, ist aus den ländlichen Bereichen von möglichen Zwistigkeiten zwischen den beiden Bevölkerungsgruppen nichts überliefert, und die erhaltenen schriftlichen Unterlagen über Steuern und Abgaben machen zwischen wendischen und deutschen Untertanen keinen Unterschied.

Die Ortsnamen unserer Gegend sind teils deutschen Ursprungs wie Falkenberg, Lindenberg oder Görsdorf, teils kommen sie aus dem Slawischen wie Beeskow, Buckow oder Schwenow, doch besagt das über die ethnische Zusammensetzung ihrer Bevölkerung im Mittelalter nur wenig, da wir nicht wissen, ob in allen Fällen eine schon vorhandene slawische Siedlung nach ihrer Überformung durch eine deutsche Gründung ihren slawischen Namen behielt. Daß es in Beeskow so war und in Buckow, schließt ja nicht aus, daß es in Görsdorf oder Möllendorf vielleicht anders war. Auch sind manche deutsch klingenden Namen wie Kossenblatt oder Lieberose Verdeutschungen ursprünglich slawischer, und auch der umgekehrte Fall kommt manchmal vor. So liegt, wie Sprachwissenschaftler vermuten, dem slawisch klingenden Bornow zum Beispiel das deutsche Wort Born, also Quelle oder Brunnen, zugrunde, und das landschaftstypische -ow wurde später erst angehängt.

Auch die Erforschung der Flurnamen kann eine sichere Auskunft über die Herkunft der Dorfbewohner nicht geben, da man ja mit der Möglichkeit einer späteren Verdeutschung der ursprünglich slawischen Namen rechnen muß. Wenn man feststellt, daß die Schwenower Flurnamen (wie Kalbize oder Sachoine) fast alle slawischen Ursprung haben, die Görsdorfer (wie Hufeberg oder Hinterheedken) dagegen, bis auf Ausnahmen (wie Hoppschugge), meist aus dem Deutschen kommen, läßt das zwar ein längeres Leben der sorbischen Sprache in Schwenow vermuten, ist aber so wenig beweiskräftig wie die in den Dörfern früher vorkommenden Familiennamen, soweit sie überhaupt überliefert sind. Im Mittelalter waren sie noch nicht üblich, da hieß man nur Karl der Schäfer oder Thomas der Müller, und als sie eingeführt wurden, unterlagen die wendischen natürlich auch der allgemeinen Tendenz zur Verdeutschung, die bei Namen besonders wirksam sein mußte, da ihre Träger meist Analphabeten waren und das Altsorbische keine Schriftsprache war. Die Schreiber aber waren Deutsche, oder sie arbeiteten doch für deutsche Behörden, mußten den sorbischen Namen also deutsche Lautformen geben, oder sie übersetzten sie vielleicht auch.

Die Feststellung, daß die frühesten uns überlieferten Einwohnerlisten von Görsdorf und Premsdorf, die aus dem 17. Jahrhundert stammen, als die Dörfer also schon etwa dreihundert Jahre alt waren, keine auffallende Häufung deutscher oder eindeutig slawischer Namen zeigen, gibt auf die Frage, ob deutsch oder wendisch, also auch keine Antwort, doch sagen die Listen etwas über die starke Fluktuation der Einwohnerschaft aus.

Es handelt sich bei dieser Aufzeichnung um eine vom Großen Kurfürsten veranlaßte Erhebung von 1652, den sogenannten Landreiterbericht. Mit ihm sollten die Menschenverluste und die wirtschaftlichen Folgen des vier Jahre zuvor zu Ende gegangenen Dreißigjährigen Krieges beziffert werden, und das Ergebnis war deprimierend; hatte der Krieg doch in Brandenburg noch verheerender als in anderen deutschen Ländern getobt.

Auffallend ist dabei vor allem der starke Bevölkerungswechsel. Von den zwanzig aufgeführten Familienoberhäuptern, also den Männern, sind nur acht in Görsdorf geboren worden; in Premsdorf sind es von zehn sogar nur zwei. Eine ethnische Einheitlichkeit, falls sie jemals bestanden haben sollte, war also nach den hohen Menschenverlusten des Krieges und der mit ihm verbundenen Wanderbewegung sicher nicht mehr gegeben. Und da die Zugezogenen in dieser Zeit meist aus der näheren Umgebung kamen, konnte es sich bei ihnen auch um Sorben gehandelt haben. Die Registraturen und Kirchenbücher unterschieden zwischen Deutsch- und Wendischsprechenden nicht.

Daß Wendisch hier einmal die im Volk verbreitete Sprache war, wissen wir unter anderem auch aus der Kirchengeschichte, die die Anzahl und Verteilung der wendisch predigenden Pastoren in der Beeskower Gegend aus dem Jahre 1610, also noch vor dem Dreißigjährigen Kriege, überliefert hat. Da zeigt es sich, daß neben den beiden Städten, Beeskow und Storkow, nur noch in zwei Mutterkirchen, nämlich in der von Merz, zu der auch Ragow und Oegeln gehörten, und der von Ahrensdorf, die auch Möllendorf und Behrensdorf mit versorgte, in deutscher Sprache gepredigt wurde. Überall sonst auf dem Lande, also auch in Wulfersdorf, Görsdorf und Premsdorf, waren wendisch sprechende Prediger tätig – was ja wohl für die starke Verbreitung des Wendischen spricht. Auch ist für die Jahre 1627 und 1686 für unseren Ort die Namensform Wendischen Goersdorff überliefert. Doch wird dieser Beleg wiederum fraglich, wenn in denselben Urkunden auch Ahrensdorf, das nach kirchlichen Quellen eine deutsche Sprachinsel bildete, als Wendischen Arnßdorff bezeichnet wird. Vielleicht sollte der Zusatz Wendischen nicht die dort gesprochene Sprache, sondern die Lage des Dorfes bezeichnen, um es von gleichnamigen Dörfern zu unterscheiden. Wendischen Görsdorf hieß vielleicht nur: das Görsdorf im Wendischen Distrikt.

Die ersten Versuche, das Wendische durch staatliche Verordnungen zurückzudrängen, wurden im Zuge der stärkeren Zentralisierung und strafferen Verwaltung vom Großen Kurfürsten unternommen, indem er die allmähliche Abschaffung des Predigens in wendischer Sprache befahl. Als der Pfarrer von Kossenblatt 1685 die deutsche Predigt einführte und Gemeindemitglieder sich darüber höheren Orts beschwerten, zeigte die darauf erfolgende Anweisung des Konsistoriums deutlich, daß die Eindeutschung im Gange war. Es hieß dort nämlich, daß der Pfarrer »zwar die Predigt in teutscher Sprache halten« solle, »doch um der alten Leute willen, so der teutschen Sprache nicht recht kundig« seien, »sie sofort in wendischer darauf wiederholen« solle, »biß solche alte, der teutschen Sprache unkundige Leute ausgestorben sind«.

Auch im nächsten Jahrhundert, als Preußen Königreich wurde und Friedrich Wilhelm I., der Soldatenkönig, mit teils sehr groben Methoden den vielbewunderten und vielgescholtenen Staat der Vernunft schaffte, wurden diese Bemühungen um die Vereinheitlichung der im Lande gesprochenen Sprache und damit die Unterdrückung des Wendischen fortgesetzt. In unserer Gegend war man damit so erfolgreich, daß sich die Benennung der einstmals zur Niederlausitz gehörenden Gebiete zwischen Zossen und Beeskow als Kurmärkisch-Wendischer Distrikt in der ersten Hälfte des 18. Jahrhunderts langsam verlor. 1735 wurde hier nirgendwo mehr wendisch gepredigt. Stärker als staatliche Verordnungen aber wirkten bei der Zurückdrängung des Wendischen sicher die alltäglichen Notwendigkeiten. Denn mit Stärkung der Bürokratie, die jeden erfaßte, mit Einführung der Schulpflicht auch in den Dörfern und mit dem Militärzwang für Landleute wurde das Deutsche auch in den entlegensten Winkeln lebenswichtig. Den Jungen galt damals das Wendische sicher als veraltet und überholt.

Wenn wir mit Recht am preußischen Staat des 18. Jahrhunderts das Fehlen jeder nationalistischen Überheblichkeit rühmen, so dürfen wir dabei aber auch nicht vergessen, daß die Kehrseite dieses Ruhmesblatts die Mißachtung aller nationalen Traditionen war. Dem sich als modern verstehenden Preußen fehlte die Ehrfurcht vor überkommenen Sitten und Bräuchen, worunter sowohl die Sorben und die zahlreich im Staat vertretenen Polen als auch die Deutschen zu leiden hatten, nur daß es bei letzteren nicht die Sprache betraf. Der wirtschaftlichen Vernunft und den preußischen Sparsamkeitsprinzipien gehorchend, wurden viele Volksbräuche und Volksfeste durch königliche Dekrete verboten, weil man sie für verschwenderisch und die Arbeitsdisziplin untergrabend hielt. Die Vernunft gebot auch, die am weitesten verbreitete Sprache, also das Deutsche, zum alleinigen Verständigungsmittel aller Einwohner des Staates zu machen. Ein Zeitalter, in dem zur Gewinnung von Baumaterialien ohne schlechtes Gewissen romanische Kirchen beseitigt wurden, nahm das Aussterben von Minderheitssprachen ohne Bedauern dabei in Kauf.

Als der gichtkranke Soldatenkönig zwischen 1736 und 1740 mehrmals in unserer Gegend, nämlich in Kossenblatt, weilte und nach einem sonntäglichen Besuch des Gottesdienstes den armen

Pastor seiner schlechten Predigt wegen so heftig beschimpfte, daß dieser krank wurde und am nächsten Sonntag sein Amtsbruder aus Wulfersdorf, der auch für Görsdorf zuständig war, geholt werden mußte, wurde schon mit Selbstverständlichkeit deutsch gepredigt, und die Sprachenfrage stand gar nicht mehr zur Debatte. In der Kossenblatter Kirchenchronik, durch die diese Geschichte der Nachwelt überliefert wurde, verlautet darüber jedenfalls nichts.

Mit den preußischen Reformen, die in der ersten Hälfte des 19. Jahrhunderts die Bauern von ihrer Abhängigkeit befreiten, das Land zur käuflichen Ware machten und mit der Industrialisierung eine starke Landflucht hervorriefen, beschleunigte sich das Aussterben von Minderheitssprachen enorm. Andererseits aber wurde in diesen Jahren mit der allgemeinen Erweckung des Nationalbewußtseins auch bei den Sorben, soweit sie sich noch als solche empfanden, ein stärkeres Identitätsgefühl rege, so daß Bestrebungen zum Erhalt der sorbischen Sprache und Kultur einsetzten und deren wissenschaftliche Erforschung begann. In unserer Gegend aber war in dieser Hinsicht nichts mehr zu holen. Um in Brandenburg noch lebendiges Sorbisch zu hören, mußte man in den Oberspreewald oder die Cottbusser Gegend fahren, doch wurden auch dort die Reste der Sprache mit der Verbesserung der Verkehrsverbindungen immer stärker bedroht.

Als Theodor Fontane, der eine romantische Vorliebe für die Wenden hatte, nach 1860 die Mark Brandenburg erkundete, benutzte er zwar gern den Ausdruck Wendei, wenn er nach Südosten reiste, aber auf Leute, die Wendisch noch sprechen konnten, traf er nicht am Scharmützelsee oder in Beeskow, sondern nur noch in Lübbenau.

Zwar behauptete ein Pastor aus Tauche in seiner 1898 veröffentlichten Geschichte des Dorfes, daß die Leute in seiner Gemeinde ein Gemisch von Hochdeutsch, Plattdeutsch und Wendisch sprächen, doch waren, wie man annehmen kann, mit dem Wendischen sicher nur Flurnamen, tradierte Bezeichnungen ländlicher Geräte oder Überreste sorbischer Volksbräuche gemeint. Zu letzteren gehört das Zampern oder auch Zempern, bei dem am Tage des Fastnachtsvergnügens eine lustig verkleidete Gruppe von Mädchen und Jungen, von Haus zu Haus ziehend, Gaben zur Ausgestaltung des Festmahls erbittet, wie es auch heute in den meisten Dörfern unserer Gegend noch üblich ist.

VON MINISTERN UND GEMÄLDEN

Zu den Eigenheiten märkischer Dorfbewohner gehört es, jedes Gutshaus als Schloß zu bezeichnen, auch wenn es, wie beispielsweise das in Görsdorf, historisch und architektonisch völlig unbedeutend ist. Bei einigen ehemals adligen Häusern unserer Gegend ist diese Bezeichnung aber durchaus zutreffend, so in Groß Rietz und in Kossenblatt, in Sauen und Lindenberg – wobei letzteres Schloß sich mehr durch Größe als durch Schönheit auszeichnet und, davon abgesehen, daß es 1928 bis 1945 dem Industriellen Robert Pferdmenges gehörte und mit Park, Kirche und Kirchhof ein schönes Ensemble darstellt, wenig geschichtlich Interessantes bietet, da es durch häufigen Besitzerwechsel keiner adligen Familie auf Dauer verbunden war. In Groß Rietz dagegen saß, mit kurzer Unterbrechung durch die Herrschaft des Ministers Woellner, fast vier Jahrhunderte hindurch die Familie von der Marwitz, deren prächtiges Barockschloß heute restauriert wird, aber noch leersteht. Kossenblatt erinnert an König Friedrich Wilhelm I., der sich hier in seinen letzten Lebensjahren nicht als Soldaten-, sondern als Malerkönig betätigte. Und das spätbarocke Schloß in Sauen wechselte zwar auch oft den Besitzer, wurde aber im 20. Jahrhundert durch den Mediziner und Forstmann August Bier in Fachkreisen bekannt.

Groß Rietz, zu dem auch Klein Rietz und Rietz Neuendorf gehören, liegt von Äckern umgeben auf der waldarmen Hochfläche nördlich von Beeskow und wirkt wie ein heute noch von der

Landarbeiterhaus des ehemaligen Gutes in Lindenberg

Landwirtschaft lebendes Dorf. Wendisch Rietz dagegen, dessen ausgedehnte Eigenheim- und Wochenendsiedlungen sich um die Südspitze des Scharmützelsees herum in Kiefernwäldern verlieren, setzt als schwacher Konkurrent von Bad Saarow, das die Nordhälfte des größten märkischen Sees beansprucht, heute ganz auf Touristen, von denen nur wenige auch mal nach Groß Rietz finden, weil sie entweder die Melancholie sandiger Feldwege und den Anblick einsam auf weiten Wiesen stehender Eichengruppen zu schätzen wissen oder aber des Schlosses wegen kommen, das auch schon Fontane hierher geführt hat.

Der Dichter und Chronist märkischer Adelssitze kam im Sommer 1881 in diese Gegend, fand am Scharmützelsee zwar unberührte Naturschönheiten, aber nichts historisch Bemerkenswertes, dem seine Wanderung eigentlich galt. Er war mit der Eisenbahn nach Fürstenwalde gefahren, hatte sich dort für die dreitägige Tour eine Kutsche gemietet und in dem Kutscher einen ortskundigen und originellen Reisebegleiter gefunden, den er dann in den »Wanderungen durch die Mark Brandenburg« zu einer literarischen Figur machte, die gleichberechtigt neben den köstlichen Nebengestalten seiner Romane steht. Wenn nach langer Fahrt auf schlechten Wegen endlich der Groß Rietzer Kirchturm das Ziel ankündigt, hofft der Fahrgast, daß sich hier endlich, nach soviel Sand, Wald und Stille, ein Blick in Preußens Vergangenheit öffnen möge, während der Kutscher von einem Glas Bier und Rührei mit Schinken schwärmt. Über das Schloß und seine Geschichte erzählt dann aber Fontane nur wenig, vielleicht weil er, wie viele seiner Zeitgenossen, Barockes nicht recht zu schätzen wußte, sicher aber weil er vor allem nach Spuren eines Politikers aus der Zeit Friedrich Wilhelms II. suchte, der seinerzeit sowohl berühmt als auch berüchtigt gewesen war. Auf dem Friedhof, der seinen Platz rund um die Kirche bis heute bewahren konnte, ist auf einer mächtigen, angeblich 80 Zentner wiegenden Granitplatte sein Name und der seiner Frau ohne weitere Zusätze verzeichnet: J. C. von Woellner und C. A. C. von Woellner, geborene von Itzenplitz.

Für die Geschichte Preußens war der Pastorensohn und Pastor Johann Christoph Woellner, ein in Döberitz bei Berlin geborener Märker, den Friedrich Wilhelm II. kurz nach seiner Thronbesteigung, 1786, geadelt hatte, als Anreger moderner Landwirtschaftsmethoden und als aufklärungsfeindlicher Kulturpolitiker von zwiespältiger Bedeutung, für Groß Rietz jedoch war sein zehnjähriges Wirken, trotz der von ihm zurückgelassenen hohen Verschuldung, durchaus segensreich. Erst nach dem Tode Friedrichs des Großen, des Hüters der Ständeschranken, der Woellner die Einheirat in die Familie von Itzenplitz verübelt hatte, war er vom neuen König zum Minister und zum Chef des Departements für geistliche Angelegenheiten ernannt worden und hatte 1788 durch ein Religions-Edikt, das die Aufklärungstheologie zurückdrängen sollte, und eine verschärfte Zensurgesetzgebung, die unter anderem die wichtigsten Zeitschriften der Aufklärung aus dem Lande drängte und sogar zum Verbot eines Werkes von Immanuel Kant führte, traurige Berühmtheit erlangt. Bald nach dem Thronwechsel von 1797 wurde er von Friedrich Wilhelm III. ohne Pension seines Postens enthoben. Seine letzten Lebensjahre verbrachte er in der Einsamkeit von Groß Rietz.

Das dortige Gut hatte er mit dem Geld seiner Frau 1790 erworben und durch moderne landwirtschaftliche Methoden, in denen er sich durch das Studium der einschlägigen englischen Literatur zum Fachmann gebildet hatte, rentabel gemacht. Zwanzig Jahre vor den Steinschen Reformen hatte er auch schon mit der Befreiung der Bauern begonnen. Er hatte eine rege Bautätigkeit entfaltet, von der heute noch große, kunstvoll aus Feldsteinen gefügte Wirtschaftsgebäude und ein Brennereischornstein zeugen. Nach seinem Sturz im Jahre 1798 sind ihm hier nur noch zwei Jahre seiner Altersruhe vergönnt gewesen, seiner Frau drei.

Die Dorfkirche, dem Schloß gegenüber und etwa zur gleichen Zeit wie dieses entstanden, enthält auch noch Zeugnisse aus der Vor-Woellner-Zeit. Neben Grabplatten der Familie von Kracht aus dem 16. und 17. Jahrhundert sind Altar und Kanzel aus der Erbauungszeit erhalten, und ein prunkvolles Wandepitaph aus Alabaster ehrt den Erbauer des Schlosses, dessen schöne Porträtbüste mit Allongeperücke den Mittelpunkt eines Geflechts von Putten, Allegorien, Symbolen und Wappen bildet. Man nimmt an, daß es von einem Künstler der Schlüter-Schule, möglicherweise von Johann Georg Glume d. Ä., stammt.

Der auf diese Weise Geehrte hieß Hans-Georg von der Marwitz

Das restaurierte Schloß Groß Rietz, das noch einen Nutzer sucht.

und war der Stammvater der kurmärkischen Linie dieser berühmten preußischen Adelsfamilie, die aus der Neumark und Pommern gekommen war. Sein Vater, ein Oberst im Dienste des Großen Kurfürsten, hatte das im Dreißigjährigen Krieg stark zerstörte Groß Rietz samt Klein Rietz und Rietz Neuendorf erworben, und der Sohn, den ein Hofmarschallamt beim Fürsten von Anhalt-Zerbst wohlhabend gemacht hatte, konnte in seinem letzten Lebensjahrzehnt das aufwendige Schloß bauen, das er aber kaum noch bewohnte, da es 1700 erst fertig wurde und er sich, neben seinen Aufgaben am Zerbster Hofe, auch um den Aufbau des

Gutes in Friedersdorf bei Seelow kümmern mußte, das durch seine zweite Heirat an ihn gefallen war. Er starb 1704 in Zerbst, und seine Leiche wurde, nachdem man sie in Groß Rietz aufgebahrt hatte, in die Friedersdorfer Gruft überführt. In allen drei Orten wurde er mit Epitaphien geehrt.

Sein elegantes Schloß, ein zweigeschossiger Putzbau mit Dreiecksgiebeln auf beiden Seiten, gehört zu den wenigen seiner Zeit, die auf dem Lande erhalten geblieben sind. Als seine Baumeister werden Cornelis Ryckwaert und Giovanni Simonetti vermutet, die beide auch in Zerbst tätig gewesen sind. Ryckwaert hatte in der östlichen Mark häufig Aufträge übernommen, so in Schwedt, Küstrin, Sonnenburg und Frankfurt an der Oder, und wahrscheinlich stammt auch die Dorfkirche im nicht weit von Groß Rietz gelegenen Lindenberg von ihm. Es ist ein kreuzförmiger Zentralbau, wie er sonst in unserer Gegend nicht vorkommt. Einen solchen hatte Ryckwaert mit Simonetti zusammen auch in Zerbst gebaut.

Mit dem Verkauf von Groß Rietz an den Minister von Woellner war die Marwitz-Zeit hier aber noch nicht beendet, sondern nur unterbrochen; auf dem Umweg über die Itzenplitze und die Dziembowskis fielen in der Mitte des 19. Jahrhunderts durch Erbfolge Schloß und Gut an die Familie von der Marwitz zurück. Als Fontane den Ort besuchte, mußte zur Besichtigung der Woellner-Porträts der Herr von der Marwitz seine Zustimmung geben; und als 1945 die Güter enteignet wurden, waren es Marwitze, die man besitzlos machte und aus der Heimat vertrieb. Den Krieg hatte das Schloß heil überstanden. Daß es danach aber nicht wie so viele märkische und mecklenburgische Adelssitze aus ideologischen Gründen gesprengt oder abgeräumt wurde, verdankt man, nach Berichten der Dorfbewohner, dem Eingreifen eines vernünftigen sowjetischen Offiziers.

Im folgenden halben Jahrhundert wurden Schloß und Wirt-

Minister Woellner in jungen Jahren.
(Gemälde von Bernhardt Rode,
heute in der Burg Beeskow)

schaftsgebäude solange genutzt, bis sie unbrauchbar waren, dann überließ man sie dem Verfall. Den Landschaftspark machte man teilweise zu Kleingärten, oder man ließ ihn verwildern. Die Sandsteinstatuen, die ihn schmückten, verschwanden, und nur noch ein Grabdenkmal der Dziembowskis und zwei den Parkeingang flankierende Obelisken zeugen noch heute von alter Pracht. Die hohen und kalten Räume des Schlosses wurden zu Wohnungen für die Vertriebenen von jenseits der Oder. Der Gartensaal, in dem Fontane eine Büste Friedrich Wilhelms II. und die Woellner-Porträts bewundert hatte, wurde zur Turnhalle; und trotz nasser Wände und bröckelndem Putz fanden auch Jugendklub und Kindergarten hier zeitweilig Quartier. In der Endphase der DDR sah der Bau aus, als habe man sich seit Woellners Zeiten nicht mehr um ihn gekümmert. Die Freitreppen waren geborsten und strauchüberwachsen, einige Fenster mit Pappe vernagelt, und außen und innen bröckelte von nassen Wänden der Putz. Die Flüchtlingsfamilien, die 1945 hier untergekommen waren, hatten in den nächsten Jahrzehnten, als die Ansprüche gewachsen waren, das Leben in dem alten Gemäuer als Strafe empfunden und sich eine andere Wohnung gesucht. Zurück blieben in den saalartigen Zimmern mit Stuckdecken einige alte Leute und in Schloßhof und Garten ein Gewirr von Kleingartenparzellen, Holzschuppen und Hundehütten, das das bauliche Zueinandergehören von Schloß, Park und Kirche zerstörte. Und da alles als Volkseigentum galt, also keinem gehörte, warf man auch schnell einmal Müll in den verwilderten Park. Daß innen die doppelläufige Treppe mit Balustergeländer und die Stuckdecken in einigen Räumen diese Zeit, wenn auch mit erheblichen Schäden, überstehen konnten, will wie ein Wunder erscheinen. Heute aber ist der prächtige, wenig bekannte Bau wieder des Ansehens wert.

Denn mit seiner Restaurierung ist seit einigen Jahren die Brandenburgische Schlösser GmbH beschäftigt, und da sie von der

Deutschen Stiftung Denkmalschutz unterstützt wird, kam man damit auch gut voran. Die schöne Fassade ist geputzt und farblich gestaltet, der hohe Sockel repariert und die beiden zweiläufigen Freitreppen wieder in Ordnung, und bei der Innensanierung fehlen nur noch die Bereiche, die ein künftiger Mieter für seine Zwecke gestalten kann. Doch ein solcher ist leider noch nicht gefunden. Geeignet wäre das repräsentative Gebäude für ein Museum, eine Galerie oder dergleichen. Dann könnten die Porträts aus Woellners Zeiten, die glücklicherweise erhalten blieben, weil sie sich 1945 nicht im Schloß, sondern in der Kirche befunden hatten, an den Ort, an den sie gehören, zurückgebracht werden. Heute befinden sie sich in der Beeskower Burg. Das eine Gemälde, so gut wie sicher von Bernhardt Rode, zeigt den jungen Woellner, »schön, abbéhaft« nach Fontanes Meinung, der sich mit einem Mikroskop beschäftigt; auf dem zweiten, wahrscheinlich von demselben Künstler, schreibt, der Überlieferung nach, Woellners Schwiegermutter, die Witwe des Generals von Itzenplitz, einen Brief, in dem sie den Tod ihres Mannes in der Schlacht von Kunersdorf, 1759, meldet, während das dritte den Herzog Ferdinand von Braunschweig-Lüneburg in der Tracht eines Großmeisters des Rosenkreuzerordens darstellt und so daran erinnert, daß die ungewöhnliche Karriere des Pastorensohnes in diesem mystischen Orden, in dem er den preußischen Thronfolger kennengelernt hatte, ihren Anfang nahm.

Eigentümer des 1945 enteigneten Schlosses war erst die Gemeinde, bis es die Brandenburgische Schlösser GmbH für einen symbolischen Preis erwarb. Den Enteigneten, den damals achtzehnjährigen Hans-Günther von der Marwitz, hat es 1990 als Dreiundsechzigjährigen wieder hierher gezogen, wo der gelernte Gärtner und Maschinenbauer wie seine Vorfahren als Landwirt wirkte. Von den 1600 Hektar, die er einst besessen hatte, pachtete er 230, kaufte von seinen Ersparnissen Landmaschinen und für

Wohnung und Werkstatt einen der von Woellner gebauten Ställe. Sein lebenslang gehegter Wunsch, in der alten Heimat wieder zu ackern, ging ihm so für ein Jahrzehnt noch in Erfüllung. Er starb im Jahre 2001.

VON KÖNIGEN UND GESPENSTERN

Kossenblatt, an der Krummen Spree gelegen, war bis 1815 Grenzort nach Sachsen, weshalb eine seiner zwei Brücken noch immer Zollbrücke heißt. Verglichen mit dem benachbarten Görsdorf ist das großzügig angelegte Straßendorf mit seinen 500 Einwohnern bedeutend zu nennen, und da alte Linden es beschatten, kann man es wohl auch eher als schön empfinden, für Geschichtskundige interessanter ist es auf jeden Fall. Da gibt es die, leider defekte, Schleusenanlage von 1900, das große, etwas düster wirkende Schloß, das sich Graf Barfus, der Feldmarschall mit politischen Ambitionen, um 1700 hatte erbauen lassen, einen fast komplett wirkenden Gutshof, ein altes Herrenhaus derer von Oppen und die etwas erhöht gelegene Kirche, die mehr bietet, als der erste Blick von außen vermuten läßt. Der graue Putz, in den sie zu DDR-Zeiten gehüllt wurde, läßt nicht ahnen, daß in ihr noch Zeugnisse verschiedener Epochen der Ortsentwicklung erhalten geblieben sind. Zu oft ist sie zerstört und umgebaut worden, als daß sie durch Stilreinheit oder kostbare Kunstwerke erfreuen könnte. Ihr Vorzug besteht vielmehr darin, daß sich in ihr mit ein wenig historischem Wissen manche Spur aus diesem und jenem Jahrhundert entdecken läßt.

Die Geschichte des Ortes, und möglicherweise auch die der Kirche, beginnt, wie in den meisten Dörfern dieser Gegend, im 12. oder 13. Jahrhundert. Urkundlich ist der Rittersitz (als Coscenblot) schon 1208, die Kirche allerdings (als Cossinbloth) erst 1346 nachgewiesen; sie muß also irgendwann zwischen diesen Daten erbaut worden sein. Als Baumaterial ihrer mächtigen Grundmauern, die heute noch stehen, dienten Feldsteine, die unordentlich und teilweise auch unbehauen mit viel Mörtel gefügt wurden, was gegen eine frühe Erbauungszeit spricht. Am Westgiebel, an den der Backsteinturm später erst angesetzt wurde, läßt sich noch gut erkennen, daß die alte Grundmauer, die später mit Backstein repariert und ergänzt wurde, bis etwa zur Traufhöhe reicht. Als Ursache der Zerstörung des Feldsteinbaus können die Hussitenkriege (um 1430) vermutet werden. Die Wiederherstellung in Backstein erfolgte dann in gotischen Formen, deren steile Dachlinie am Westgiebel neben dem Turm noch erkennbar ist. Auch gotische Blendfenster und -nischen am Giebel sind von der Turmtreppe her noch deutlich zu sehen.

Da, wie die Kirchenchronik ausweist, im 19. Jahrhundert noch eine Wetterfahne existierte, die neben dem Wappen der Familie von Oppen die Jahreszahl 1594 zeigte, ist anzunehmen, daß der Oberkammerherr am Berliner Hofe, Georg von Oppen, dem der Kurfürst 1581 Kossenblatt zum Lehen gegeben hatte, der Erbauer des Turmes war. Er starb 1609 »im 61. Jahre seines Alters«, und sein gut erhaltener figürlicher Grabstein, der ein falsches Todesjahr angibt, ist neben denen seiner Frau und seiner Schwiegermutter im Innern der Kirche erhalten. Bestattet wurden die Oppens in einer Gruft an der Nordseite der Kirche, die heute nicht mehr zugänglich ist. Der Turm, auf dessen Nordseite ein zeigerloses Uhrzifferblatt verwittert, trägt auf seinem Satteldach zwei Wetterfahnen, deren jüngere mit den Jahreszahlen 1927 und 1973 wohl auf Restaurierungen hinweist, während die ältere mit einem Stern und den Buchstaben C B und S W Rätsel aufgibt.

Das ehemals steilere Dach des Kirchenschiffs aus gotischer Zeit ist möglicherweise im Dreißigjährigen Krieg zerstört worden; es kann aber auch nach erneutem Herrschaftswechsel beim barocken

Der etwas mißglückte königlich-preußische Adler auf der Kanzel der Kossenblatter Kirche, der ursprünglich schwarz war, in DDR-Zeiten aber grau gestrichen wurde, um ihn unauffälliger zu machen.

Umbau von 1703 verändert worden sein. 1699 nämlich war Graf Hans Albrecht von Barfus Herr auf Kossenblatt geworden, hatte mit dem Bau des Schlosses auf der Spreeinsel, wo früher eine Wasserburg gestanden hatte, begonnen, und auch die Kirche hatte er modernisiert. Weitere Umbauten wurden schon dreißig Jahre später wieder vorgenommen, als Besitzer von Kossenblatt, und damit auch Kirchenpatron, der König geworden war.

Auf seinen Jagdstreifzügen von Wusterhausen (dem heutigen Königs Wusterhausen) her war Friedrich Wilhelm I. zu Ostern 1736 nach Kossenblatt gekommen, hatte das Schloß von den Barfus-Erben preisgünstig erworben und nach seinen bescheidenen Bedürfnissen zu seinem Alterssitz umgebaut. Da er ein frommer Mann war, der sonntags nie die Gottesdienste versäumte, gestaltete er auch das Innere der Kirche um. Für ihn wurde an der Südwand eine mit Stuckornamenten verzierte Nische geschaffen, und für die Pastoren, die er durch harsche Kritik an ihren Predigten in Angst und Schrecken versetzte, wurde eine prächtige Kanzel errichtet, die von der Sakristei, die damals erst angebaut wurde, erreichbar ist.

Sieht man ab von der im 20. Jahrhundert vorgenommenen Verkürzung der Hufeisenempore, zeigt sich das Innere der Kirche heute noch so wie in königlicher Zeit. Blickfang des nüchternen Raumes ist die von Pilastern flankierte, barock geschwungene Kanzel mit Blumengehänge und einem auf dem Schalldeckel hockenden, seltsam wild aussehenden preußischen Adler, dessen Krone fast an die Decke stößt. Die verschlungenen Buchstaben A W, die sowohl die Kanzel als auch den Balkon des Schlosses zieren, deuten auf den Prinzen August Wilhelm, einen Sohn des Königs, dem Kossenblatt überlassen wurde, der sich dort aber nie sehen ließ. Auch seine Witwe, die den Besitz nach August Wilhelms frühem Tode erbte, mied ihn, ebenso alle anderen Mitglieder der königlichen Familie nach ihr, so daß der Pastor Adolf Stappenbeck, der von 1851 bis 1871 in Kossenblatt wirkte, fünf Jahre nach seiner Amtsübernahme in die Kirchenchronik eintragen konnte: »Seit Friedrich Wilhelm I. ist kein König von Preußen mehr in Cossenblatt gewesen. S. M. der König Friedrich Wilhelm IV. kam am 5. April 1856 nach Beeskow, wo die dreihundertjährige Jubelfeier der Zugehörigkeit der Herrschaft Beeskow-Storkow gefeiert wurde … Der König ließ sich in seinem Absteigequartier beim Färbereibesitzer Kauffmann viele Personen vorstellen, unter diesen befand auch ich mich, und S. M. äußerte bei Nennung von Cossenblatt freundlich: Ei, da gehöre ich ja recht eigentlich hin und habe längst gewünscht, es zu sehen – worauf dann noch einige Worte über das Schloß und die Kirche folgten.« Und dann fragt der Pastor, ob denn der König wirklich einmal kommen werde. Aber er kam nie, und auch keiner seiner Nachfolger, obwohl die Krone auch nach 1862, als das Gut endgültig zu bürgerlichem Besitz wurde, das Patronat über die Kirche behielt.

Die weißen Wände des durch hohe Fenster erhellten Kirchenschiffs schmücken zwei Gemälde: das Bildnis eines Pastors namens David Stern aus dem 17. Jahrhundert, das, wie im unteren Teil vermerkt ist, die »sämbtlichen Junker und Patrone« von Oppen ihrem »lieben Beichtvater zu stetem Ehrengedechtnis« gestiftet haben, und ein Bild mit dem Titel »Christus auf dem Wege nach Emmaus«. Und beide Bilder haben ihre Geschichte, deren zweite ziemlich blamabel ist.

David Stern, der von 1641 bis 1662 das Pfarramt in Kossenblatt innehatte, ist für die Geschichte des Dorfes als Übermittler einer Schloßgespenst-Sage bedeutsam. In seiner 1666 bei Erasmus Stößner in Frankfurt an der Oder im Druck erschienenen Leichenpredigt auf einen David von Oppen hat er in barocker Weitschweifigkeit beschrieben, wie eine Geistererscheinung den Verstorbenen in eine Gemütskrankheit und wohl auch in den Wahnsinn getrieben hat. Die immer wiederkommende Erscheinung hatte die Gestalt einer weißgekleideten Jungfrau, und da sich diese auch bei der Hochzeit zwischen das Paar ins Brautbett drängte, lassen sich leicht Vermutungen über die Ursachen dieser Schreckensvisionen anstellen. Vielleicht hat der Beichtvater sie gekannt.

Das zweite Bild, auf dem der Auferstandene am Ostermontag die beiden Jünger auf dem Weg nach Emmaus begleitet, ist die

Kopie eines 1883 entstandenen Gemäldes von Bernhard Plockhorst (1825–1907), und das Blamable an ihm ist die Art seines Erwerbs. Es wurde nämlich 1901 für den Preis erstanden, den die Gemeinde für die Veräußerung eines viel älteren und viel kostbareren Bildes erhalten hatte: für die figurenreiche, um 1600 gemalte Darstellung der mit vielen Kindern gesegneten Familie von Oppen. Theodor Fontane hatte es 1862 bei seinem Besuch in Kossenblatt bewundert und für ein Werk der Lucas-Cranach-Schule gehalten, die Gemeinde aber, oder vielleicht auch nur der damalige Pastor, wußten es nicht zu schätzen, oder sie scheuten die Kosten einer nötigen Restaurierung, jedenfalls gaben sie es weg. Glücklicherweise hat sich das Werk in der Familie von Oppen erhalten und hängt heute als Dauerleihgabe im Potsdamer Haus für Brandenburgisch-Preußische Geschichte, inzwischen gut restauriert.

Die Gräber, die früher die Kirche umgaben, sind nach Verlegung des Friedhofs an den Ortsrand eingeebnet worden, nur das Denkmal für die Gefallenen des Ersten Weltkrieges steht noch, schamhaft hinter Büschen versteckt. Es gibt aber auch, was östlich der Elbe selten ist, eine Gedenktafel für die Toten des Zweiten Weltkrieges, die außen an der Südwand der Kirche steht, aber kaum noch zu lesen ist. Die Gruftanbauten der von Oppen und von Barfus an der Nordseite sind nach den Plünderungen der Kriegs- und Nachkriegsjahre zugemauert worden. Zwischen ihnen, in die Außenwand eingelassen, findet man einen Gedenkstein aus der glorreichen friderizianischen Epoche, der von einer weniger glänzenden Seite des damaligen Lebens erzählt. »Allhier ruhen«, so heißt es da, »die Gebeine des zu Cossenblatt 30 Jahr gestandenen Beamten Friedrich Leopold Lengenick«, der von 1727 bis 1784 lebte und sechs früh verstorbene Kinder zu betrauern hatte, von denen drei Opfer der Pocken geworden waren und eins ertrank.

Um das Kossenblatter Schloß zu erreichen, muß man, am Oppenschen alten Herrenhaus vorbei, den Gutshof und eine Brücke überqueren und steht dann vor verschlossenen Türen, da die heute der Gemeinde gehörende barocke Zweiflügelanlage, die nach dem Kriege Flüchtlinge beherbergt hatte und ab 1957 als staatliche Zentralstelle für Reprographie vielen Kossenblattern Arbeitsplätze geboten hatte, heute an ein Mikrofilm-Unternehmen vermietet ist. Durch diese ständige Nutzung blieb das ansehnliche Gebäude äußerlich gut erhalten, innen aber wurde es seinen Nutzungszwecken entsprechend umgebaut.

Kann man das Schloß in Groß Rietz, das fast gleichzeitig entstand, als licht und heiter bezeichnen, so ist man versucht, dieses hier streng und düster zu nennen – was wohl nicht nur der Kompaktheit des Gebäudes, dem Grau seiner Fassaden und den schattengebenden alten Eichen, sondern auch der Erinnerung an den gichtkranken alten Soldatenkönig geschuldet ist. Hier malte er unter Schmerzen seine naiven Gemälde, die bei Fontanes Besuch hier noch hingen, bald darauf aber ins Schloß Königs Wusterhausen gebracht wurden, wo einige von ihnen heute wieder zu sehen sind.

Der Spreearm, der überquert werden muß, um das Schloß zu erreichen, war vor der Regulierung der Krummen Spree um 1900 ihr Hauptstrom, der hier besonders kurvenreich war. Geht man, am besten in Gummistiefeln, unter uralten Eichen auf dem Damm rechts um Schloß und Schloßpark herum auf die Grabholz genannte Wiese in Richtung Schleuse, läßt sich bei hohen Wasserständen im Frühjahr an den wieder naß werdenden Senken noch gut erkennen, welch tolle Kapriolen die Spree einst hier schlug.

VON MEDIZINERN UND WÄLDERN

Kossenblatt liegt am südwestlichen Zipfel der Beeskower Platte, wo sich die Spree von Westen nach Osten windet, das viel kleinere Sauen dagegen, mit nur 140 Einwohnern, liegt an der nördlichen Grenze des Höhenlandes, wo es sich in das Tal des nun wieder nach Norden fließenden Flusses senkt. Es ist eines der stillsten und lieblichsten Dörfer der Gegend, dessen gesamte Bebauung einschließlich Schloß, Kirche, Pfarrhaus und Schule sich um den großen, eckigen Anger gruppiert. Seine erhöht stehende Feldsteinkirche wurde um 1900 in gelungener Weise neugotisch umgestaltet. Seine von einer Mauer umgebene spätbarocke Schloßanlage, die heute den Berliner Kunsthochschulen gehört, ist gut erhalten. Die vom Anger wegführenden Wege und Straßen sind im vorigen Jahrhundert zu bemerkenswert schönen Alleen geworden. Und die Wälder, die das Dorf von drei Seiten umgeben, sind ihrer Vielfältigkeit und Gesundheit wegen für jedermann eine Freude, für den Forstfachmann aber haben sie Vorbildfunktion.

Nicht mit einem König oder Minister sind Dorf, Schloß und Wald hier verbunden, sondern mit einem verdienstvollen, wenn auch häufig umstrittenen Manne, dessen Namen sowohl in medizinischen und forstwissenschaftlichen als auch, seltener, in militärtechnischen Arbeiten vorkommen kann. Er hatte nämlich, um den absonderlichen Nebenzweig seiner Verdienste zuerst zu nennen, im Ersten Weltkrieg, als sich die lederne Pickelhaube in den Materialschlachten als unnütz erwiesen hatte, da jeder Granat-

August Bier vor einer seiner geliebten Kiefern

splitter sie durchschlagen konnte, mit einem Techniker zusammen den deutschen Stahlhelm entwickelt, der in den Weimarer Jahren zum oft gezeigten und oft karikierten Sinnbild deutscher Wehrkraft wurde, im Zweiten Weltkrieg, in leichter Abwandlung, wieder die Köpfe der deutschen Soldaten schützte, in Zeiten der Teilung von beiden deutschen Armeen aus politpsychologischen Gründen verschmäht wurde, heute aber, wiederum leicht verändert, anstelle des aus dem Zweiten Weltkrieg vertrauten Topfhelms die Soldaten und Soldatinnen der US-Streitkräfte ziert. Von ihnen hat er angeblich den treffenden Spitznamen Fritz erhalten – und müßte doch eigentlich August heißen, nach seinem Erfinder, dem berühmten Chirurgen und (seit 1912) Sauener Gutsherrn Professor August Bier.

Aber auch in anderer, nicht weniger seltsamen Weise ist das kleine Dorf Sauen mit der großen Geschichte verbunden. Hier wurde nämlich nach 1945, soviel ich weiß einmalig, der Gutsherr und seine Familie aus dem Ort nicht vertrieben. Er brauchte auch das Schloß nicht zu räumen und konnte sein Metier, die Forstwirtschaft, weiter betreiben, auf Befehl der Besatzungsmacht. Eine sowjetische Militär-Ärztin, die in den zwanziger oder dreißiger Jahren bei dem weltbekannten Chef der Chirurgischen Klinik der Berliner Charité ihre Ausbildung vervollständigt hatte, erkannte in den letzten Kriegstagen ihren ehemaligen Lehrer in einem Treck der nach Westen Flüchtenden wieder, sorgte für seine sichere Rückführung nach Sauen und später auch, möglicherweise gegen den Willen der deutschen Behörden, für sein Bleiberecht. Zwar wurden seine ausgedehnten Forsten verstaatlicht, aber Schloß und Park konnten in seinem Besitz bleiben, und sein Sohn Heinrich, ein ausgebildeter Forstmann, wurde mit der Verwaltung der wertvollen Wälder betraut. Man ehrte mit dieser Ausnahmestellung wohl vor allem den Mediziner, der von 1907 bis 1932 den Lehrstuhl für Chirurgie an der Berliner Charité innegehabt und

Am Dorfteich in Sauen

bahnbrechend auf vielen Gebieten, so in der Anästhesie und der Therapie der Knochentuberkulose, gewirkt hatte, der teilweise aber auch, seiner Abweichungen von der Schulmedizin wegen, heftig umstritten war. So machte er sich durch seine Verteidigung der Naturheilkunde und der Homöopathie viele Feinde, die sich noch vermehrten, als er das Unglück hatte, daß der Reichspräsident Ebert bei einer von ihm vorgenommenen Operation starb. Seine Emeritierung 1932, im Alter von 71 Jahren, schien manchem auch wie eine Kapitulation vor seinem Konkurrenten und Nachfolger, Ferdinand Sauerbruch.

Biers an Heraklit orientierte Philosophie der Harmonie durch das Walten von Gegensätzen, die seine therapeutischen Praktiken teilweise bestimmt hatte, wendete er auch in seiner 1912 in Sauen begonnenen Forstwirtschaft an. Ökologisch nennt man heute seine Methoden, mit denen er aus den üblichen Kiefernmonokulturen mit ihren armen, durch Streugewinnung noch verschlechterten Böden gesunde, vielgestaltige Mischwälder schuf. In den Sauener Wäldern (die nach dem Tode von Biers Sohn Heinrich von Wolfgang Lechner aus Wendisch Rietz im Auftrag der DDR-Akademie der Wissenschaften betreut wurden und um die sich heute die August-Bier-Stiftung für Ökologie und Medizin kümmert) kann auch der Laie bei jedem Spaziergang die Erfolge des damaligen Forstaußenseiters sehen. Da findet er neben Laub- und Nadelbäumen auch Sträucher, Tief- neben Flachwurzler, Humusbildner und Humuszehrer, 460 Gehölzarten insgesamt.

Bier, der neben einem Lehrbuch der Chirurgie und vielen anderen medizinischen Arbeiten auch forstwissenschaftliche und philosophische Schriften verfaßt hat, betätigte sich in forstkundlicher Hinsicht auch als Volkspädagoge, indem er zum Beispiel 1926 im Heimatkalender des Kreises Beeskow-Storkow den Waldbauern eine ökologische Predigt über »Unsere märkische Kiefer« hielt. Allgemeinverständlich und mit Liebe zur Sache versuchte er den Waldbesitzern hier klarzumachen, daß nicht, wie sie meinten, der schlechte märkische Boden reine Kiefernbestände erfordere, sondern die reinen Kiefernbestände vielmehr den Boden erst schlecht gemacht hätten, so daß es also darauf ankomme, »an Stelle der öden Kiefernheiden schöne üppige Mischwälder zu schaffen, in denen die Kiefer ihre Schönheit erst richtig entfalten« könne. Da nun ein »frischer Wind« durch die Forstwirtschaft wehe, zweifle er nicht daran, »daß wir in einem halben bis ganzen Jahrhundert wieder den natürlichen Mischwald überall haben werden«, – was freilich, wie wir heute, ein dreiviertel Jahrhundert später, wissen, ein Irrtum war. Eine Zeitungsmeldung aus diesen Tagen verspricht hier wie jedes Jahr wieder, daß man sich bessern wolle. »Die Brandenburger Forstverwaltung«, so verlautet aus Potsdam, »will in den nächsten Jahrzehnten 100 000 Hektar reinen Kiefernwald zu Mischwäldern mit Laubbäumen umgestalten. Ziel ist, den Anteil der Laub-Nadel-Wälder von derzeit 17 Prozent bis 2045 auf 41 Prozent zu erhöhen.« Mehr als ein halbes Jahrhundert nach seinem Tode wirkt Forstmann August Bier also noch immer als Pionier.

Da in der Beeskower Gegend Berühmtheiten nur dünn gesät sind, kam man bei der Neugründung des Beeskower Gymnasiums auf den guten Gedanken, ihm Biers Namen zu geben, doch scheiterte dieses Vorhaben schließlich an einem Übermaß an politischer Korrektheit, die sich, wie viele Beispiele zeigen, von historischer Arroganz oft schwer unterscheiden läßt. Vielleicht war es der Stahlhelm, der die Verantwortlichen so verstörte, daß sie befürchteten, als Militaristen verschrieen zu werden, vielleicht aber auch die Tatsache, daß der alte Emeritus die Hitlerzeit überlebt hatte, ohne sich als Widerstandskämpfer bewährt zu haben, und dazu auch noch die Schwachheit hatte, sich im November 1936 mit dem sogenannten Adlerschild ehren zu lassen, mit einer Auszeichnung für Wissenschaftler und Künstler also, die 1922 vom Reichspräsidenten Ebert gestiftet und zum ersten Mal an Gerhart Hauptmann verliehen worden war. Wahrscheinlich ist der 1861 Geborene, der im Ersten Weltkrieg den Rang eines Obergeneralarztes der Marine bekleidete, kein Demokrat, sondern ein Konservativer alter Schule gewesen, und das wiegt für unsere dem Zeitgeist gehorchenden Moralapostel, die sicher vor hundert Jahren nicht weniger zeitgeistergeben gewesen wären, offensichtlich schwerer als jede wissenschaftliche Tat.

Statt des Namens des international bekannten Wissenschaftlers trägt das Gymnasium nun den eines Mannes, der zwar nur Beeskower Heimatkundlern und intimen Fontane-Liebhabern bekannt ist, der aber der gefürchteten politisch-moralischen Kritik keine Handhabe bietet, weil er schon vor etwa zweihundert Jahren lebte und glücklicherweise dazu auch noch Ausländer war. Die Schule heißt nun also Rouanet-Gymnasium, nach Jean Pierre Barthélemy Rouanet, einem Beeskower Kämmerer, der sich im Umgang mit der französischen Besatzung zwischen 1806 und 1813 Verdienste um das Städtchen erworben hatte, weshalb dieses seine Grabstätte auch bis heute erhält und pflegt. Seine interessanten, etwas zu lapidaren Lebenserinnerungen, die erst ein halbes Jahrhundert nach seinem Tode unter dem Titel »Von Toulouse nach Beeskow« erschienen, erschöpfen sich, Beeskow betreffend, in Schilderungen seiner dienstlichen Sorgen, geben aber leider kein Bild von Landschaft und Stadt.

Mit Fontane aber hängt der zum Preußen gewordene Franzose familiär zusammen. Er war nämlich der Großvater der Dichtergattin Emilie, die für ihren Mann immer dann aus Beeskow stammte, was für ihn die abseitigste Provinz bedeutete, wenn er mit ihr nicht zufrieden war. Dabei war sie in Beeskow nur empfangen, in Dresden aber, unehelich, geboren worden, und da sie schon ihre Kindheit in Berlin verbracht hatte, war sie in gleichem Grade Berliner wie ihr aus Neuruppin stammender Mann.

VON ÄMTERN UND BAUERN

Die Mehrzahl der auf dem Plateau gelegenen Dörfer gehörten vor der Bauernbefreiung nicht zu den Rittersitzen, sie waren Amtsdörfer, deren Einwohner nicht von einem Gutsbesitzer abhängig waren, sondern von einer höheren Herrschaft, die sich durch eine Behörde, das Amt also, vertreten ließ. Im Mittelalter, als das Beeskow-Storkower Land noch zur Niederlausitz gehörte, waren das nacheinander die reichbegüterten Herren von Strehle und von Biberstein gewesen (an die im Beeskower Wappen noch die drei Sensenklingen, für die Strehles, und die fünfendige Hirschstange, für die Bibersteins, erinnern), dann unter anderen auch sächsische Herrscher, der Bischof von Lebus (der zeitweilig auch in Beeskow residierte), der Markgraf Johann von Küstrin (der über die Neumark herrschte) und schließlich, um die Mitte des 16. Jahrhunderts, der Kurfürst von Brandenburg, der die etwa zwanzig Dörfer, zu denen auch mein Görsdorf gehörte, vom Amt Beeskow verwalten ließ. Später, im 18. Jahrhundert, als die Kurfürsten von Brandenburg Könige von Preußen geworden waren, nannte man die Besitzungen des Landesherrn Domänen. Altes Amt heißt noch bis heute das stattlichste Gebäude der Beeskower Burg.

Die Bauern der Amtsdörfer waren nicht weniger unfrei als die der adligen Dörfer. Sie waren an den Boden gebunden, den sie bearbeiteten, der ihnen aber nicht gehörte, hatten Dienste zu tun und Abgaben zu leisten, waren damit aber nicht einem Gutsherrn, sondern dem Kurfürsten, später dem König verpflichtet, und da dieser mit den Domäneneinkünften auch die Landesverwaltung und das Heer finanzierte, dienten sie, wenn sie dem Amt in Beeskow dienten, eigentlich dem Staat.

Auf den Domänen wurden im Preußen des 18. Jahrhunderts oft eher als auf den adligen Gütern die Rechts- und Lebensverhältnisse der Bauern, wenn auch nur in geringem Maße, verbessert und ihre Selbständigkeit schon vor der allgemeinen Bauernbefreiung im Jahre 1810 gestärkt. So wurde zum Beispiel das Görsdorfer Gut, das sich nach dem Dreißigjährigen Krieg durch Zusammenlegung des wüst gewordenen mittelalterlichen Schulzengutes mit anderen im Kriege herrenlos gewordenen Bauernhöfen gebildet hatte, als Amtsvorwerk schon 1765 in Erbpacht gegeben, was eine Vorform privaten Eigentums war.

Weitgehend mißachtet wurden die Amtsdörfer verständlicherweise von den Historikern und Heimatforschern, und auch Theodor Fontane nahm in seinen »Wanderungen durch die Mark Brandenburg« von ihnen so gut wie gar nicht Notiz. Historisch Interessantes war hauptsächlich bei den Familien des Adels zu finden. Sie stellten nicht nur dem Staat die Offiziere und die höheren Beamten, sie waren auch in den Landkreisen tonangebend, hinterließen in Familiengeschichten, Memoiren und Anekdoten Erzählenswertes, und ihre Landsitze waren in jedem Fall gesellschaftliche, oft auch kulturelle Zentren, die irgendwie, und sei es durch Heiraten oder Liebschaften, auch immer mit der großen Politik zusammenhingen. Sie, die Edelleute, bauten ihre edlen, architektonisch wertvollen Häuser, wirkten, indem sie sie mit Kunstwerken ausstatteten, als Mäzene, bewahrten, konservativ, wie sie waren, kulturelle Traditionen – und konnten das nur durch ihr Privilegiertsein leisten, das uns heute, da wir auf Gleichheit aus sind und die Toleranz so weit treiben, daß wir, in der bildenden Kunst zum Beispiel, Scharlatanerie und Dummheit meinen ernst nehmen zu müssen, die Anschauungen und Werte vergangener Zeit aber moralisch aburteilen, als Unrecht erscheint. Jedes adlige Dorf hatte durch Persönlichkeiten, die die Möglichkeit zur freien Entfaltung nutzen konnten, eine individuelle Note, die Amtsdörfer mit ihren abhängigen Bauern dagegen hatten für den Betrachter nur Graues und Gleichförmiges. Über Görsdorf zum Beispiel hat aus diesen Gründen noch nie jemand geschrieben, ein Grund mehr für mich, es zu tun.

Die erste urkundliche Erwähnung Görsdorfs, als Gersdorf, stammt, wie schon erwähnt, aus dem Jahre 1443, besagt aber außer seiner Existenz nichts. Das erste Detail, das die Urkunden einige Jahrzehnte später, 1490 nämlich, preisgeben, ist der Hinweis auf die Arbeit eines Winzers, und auch die nächste Erwähnung im Jahre 1518 bezieht sich auf den Weinberg, der sich, wie spätere Urkunden und eine Flurkarte von 1725 verraten, auf den Hängen zum Wulfersdorfer See hin befand. Er bestand etwa dreihundert Jahre. Zum letztenmal ist 1745 von ihm die Rede, dann schlief wohl der Görsdorfer Weinbau wie der der ganzen Mark Brandenburg langsam ein. Auf der Flurkarte von 1810 wird der Hang noch als Alter Weinberg bezeichnet, was wohl ehemaliger bedeuten soll.

Weitere Einzelheiten aus der Vergangenheit des Dorfes bietet das schon erwähnte Verzeichnis der Einwohner aus dem Jahre 1652, das über die Folgen der Schlachten, Plünderungen, Brandschatzungen und Seuchen des Dreißigjährigen Krieges Auskunft gab. Die Namen der beiden nah beieinanderliegenden Orte, die in früheren Urkunden Gersdorf und Girstorff, Prenißdorf und Premßdurff gelautet hatten, kommen mit der hier verwendeten Schreibung Görsßdorff und Prembdsdorff der heutigen schon sehr nah. Die Personenkennzeichnung durch Vor- und Familiennamen hatte sich damals offensichtlich noch nicht ganz durchsetzen lassen; denn noch wurden die Schulzen der beiden Dörfer, die ihrer besonderen Stellung wegen zuerst genannt werden, nicht als Schulz oder Schulze, sondern als Matthes der Schulze und Michell der Schulze bezeichnet, die späteren Herren Krüger und Schneider heißen noch Andres der Krüger und Matthes der Schneider, eine Pastorenwitwe mit drei Kindern hat gar keinen Namen, sondern wird nur als »des Pfarrers von Wolfersdorff Wittib« bezeichnet, und auch der jeweils am Schluß aufgeführte Hirt der Gemeinde, der Ärmste der Armen, bleibt namenlos. Über ihn heißt es, er »wohnet off der gemeinen Hirten Hause«, also in dem Haus, das der Gemeinde gehört.

An Haushalten, nach denen das Verzeichnis sich gliedert, hat Görsdorf zwanzig, das kleinere Premsdorf mit seinen ärmeren Bauern und kleineren Höfen nur zehn. Obwohl der vier Jahre zuvor beendete Dreißigjährige Krieg, aus dem eine Urkunde von 1641 die völlige Verwüstung von Premsdorf behauptet, deutliche Spuren hinterlassen hat, sind die aus Siedlungszeiten stammenden Größenverhältnisse der Wirtschaften an den Hufenzahlen noch gut zu erkennen. An der Spitze stehen die Güter der Schulzen, die in den Anfangszeiten die Organisatoren der Siedlung waren, mit in Görsdorf sechs, in Premsdorf drei Hufen, es folgen die Bauern mit jeweils drei, die Kossäthen mit einer Hufe, doch liegen in Görsdorf sechs und in Premsdorf zwei Höfe von den Kriegszeiten her noch wüst.

Nur wenige der 1652 in den beiden Dörfern vorkommenden Familiennamen sind auch heute noch hier vertreten. Da gibt es neben den Miethes und Lehmanns, deren Äcker aber wüst liegen oder von anderen bewirtschaftet werden, nur noch die Panzers, die damals und heute in beiden Dörfern vertreten sind. Von den nicht im Dorfe Geborenen heißt es in den meisten Fällen vage, sie seien »im Lande geboren«, nur zweimal werden mit »auß Niederlausitz« und »auß dem Storkowischen« genauere Angaben gemacht. Kinder gibt es, wohl auch als Folge des Krieges, nicht sonderlich viele. Registriert werden auch die Knechte und Mägde, nicht aber die Ehefrauen, die selbstverständlich zu jedem Hause gehörten. Zählt man sie mit, kommt man auf eine Einwohnerzahl von 72 für Görsdorf und 31 für Premsdorf – wobei aber auffällt, daß die zu Görsdorf gehörende Mühle, die schon in Urkunden des 16. Jahrhunderts als zum Dorfe gehörig erwähnt wurde, in der Erfassung fehlt.

Als 1652 mit diesem Landreiterbericht der Versuch gemacht wurde, das im Krieg erhalten Gebliebene statistisch zu erfassen, war Friedrich Wilhelm, der Große Kurfürst, der durch die Verbesserung von Armee und Verwaltung das Fundament für den Preußischen Staat legte, seit zwölf Jahren an der Regierung, und diese Bestandsaufnahme war ein Teil der großen Reform. Die Mark brauchte zum Wiederaufbau mehr Menschen, und deshalb wurde die Einwanderung, unter anderen auch der Hugenotten, gefördert. Unbekannt ist, ob auch unsere Dörfer davon profitierten. Jedenfalls aber ging es auch hier nun aufwärts. Zwar wurden die Dörfer im nächsten Jahrhundert nur wenig größer, und die Kriege zu Friedrichs des Großen und Napoleons Zeiten brachten erneut Tod, Leid und Zerstörung, doch auf einen so elenden Zustand wie im Dreißigjährigen Kriege fiel man auch auf dem platten Lande nicht mehr zurück.

Mit der Perfektionierung der preußischen Bürokratie wurden natürlich auch die Urkunden für unsere unbedeutenden Dörfer zahlreicher, so daß man seit etwa 1750 das langsame Anwachsen der Häuser- und Einwohnerzahlen verfolgen kann. 1775, als Friedrich der Große die Kriege hinter sich hatte und sich intensiv um die Kolonisation des menschenarmen Landes bemühte, hatte Görsdorf 21 und Premsdorf 12 Wohnhäuser, die sich bis 1801, also zur Zeit der im Volk beliebten Königin Luise, um fünf Häuser in Görsdorf, aber nicht eines in Premsdorf vermehrten, und auch der Anstieg in den folgenden hundert Jahren, in denen die Bauern frei, selbständig und teilweise auch wohlhabend wurden, will uns mit 41 Häusern in Görsdorf und 15 in Premsdorf nicht gerade enorm erscheinen, und doch geschahen die großen Veränderungen, die aus den Dörfern erst die uns heute vertrauten machten, in dieser Zeit. Denn kaum eines der um 1900 vorhandenen Häuser war noch mit dem von 1800 identisch, zumindest waren die niedrigen, meist aus Fachwerk und Lehm gebauten, mit Stroh gedeckten alten Häuser umgebaut und vergrößert worden, in den meisten Fällen aber hatte man das alte Haus abgerissen und massiv neu gebaut.

Seit 1750 läßt sich an den Erhebungen auch leicht die Entwicklung der Einwohnerzahl verfolgen, die ja, wie wir uns erinnern, kurz nach dem Dreißigjährigen Krieg in Görsdorf 72, in Premsdorf 31 betragen hatte. 1774 waren dagegen schon 136 und 57, 1801 183 und 81 Einwohner vorhanden, die sich im folgenden Jahrhundert mäßig weiter vermehrten, bis sie schließlich im Jahre 1925 mit 224 und 75 einen Hochstand erreichten, den nur noch das Jahr 1946, in dem die aus dem deutschen Osten Vertriebenen jeden überdachten Winkel des arg zerstörten Dorfes füllten, mit insgesamt 359 Personen übertraf. Erst als die elenden Zustände der Nachkriegsjahre vorüber waren, fiel 1971 die Zahl wieder auf das Normale und bis heute Konstante von etwa 190 zurück.

VON HUFEN UND SEPARATIONEN

Die fast immer noch gut erkennbaren Anlagen unserer Dörfer mit ihren Angern, Höfen und Gärten entstanden schon in der Kolonialzeit des Mittelalters, die massiven Wohnhäuser der Bauern mit den hinter ihnen gelegenen Scheunen und Ställen waren dagegen ein Werk des späten 19. und des frühen 20. Jahrhunderts. Sie entstanden als späte Frucht der Bauernbefreiung, die den Landwirten östlich der Elbe zu ihrer besten, zumindest freiesten Periode verhalf. Denn nur zwischen den Steinschen Reformen, die aber, bedingt durch restaurative Tendenzen, Jahrzehnte brauchten, um sich positiv auszuwirken, und der Ulbrichtschen Kollektivierung war der Bauer im Osten, auch als risikoreicher Unternehmer, sein eigner Herr.

Zu den wichtigsten Maßnahmen, die der langwierige Prozeß der Bauernbefreiung erforderte, gehörten neben den sogenannten Ablösungen, die die Bauern für ihre Befreiung den Gutsherren in Geld oder Land zu zahlen hatten, auch die Separationen (auf deutsch: Trennungen), die man auch Gemeinheitsteilungen nannte, die Abschaffung der Gemengelage, des Flurzwangs und der Hufenordnung des Mittelalters sowie die Neuordnung des Wegesystems. Flurbereinigung würde man heute nennen, was damals, nicht ohne Zank und Prozesse, auf allen märkischen Dörfern geschah.

Das alte Flächenmaß der Hufe, das die deutschen Siedler aus ihrer alten Heimat westlich der Elbe mitgebracht hatten, bezeich-

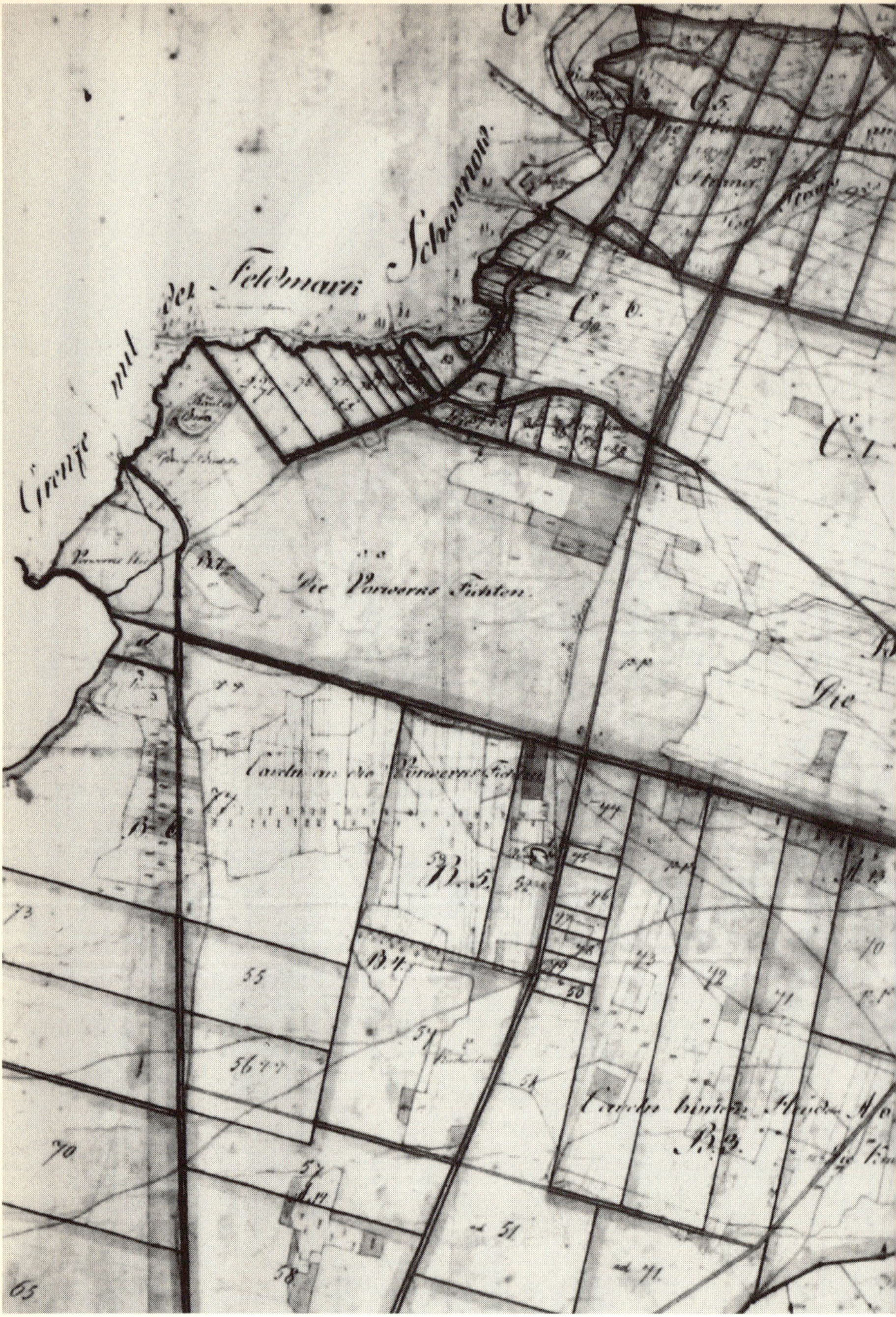

»Karte von den beiden Feldmarken und Doerfern Goersdorf und Wulfersdorf unterm Amte Beeskow im Beeskowschen Kreise belegen, behufs der Separation entworfen im Jahre 1809/10«

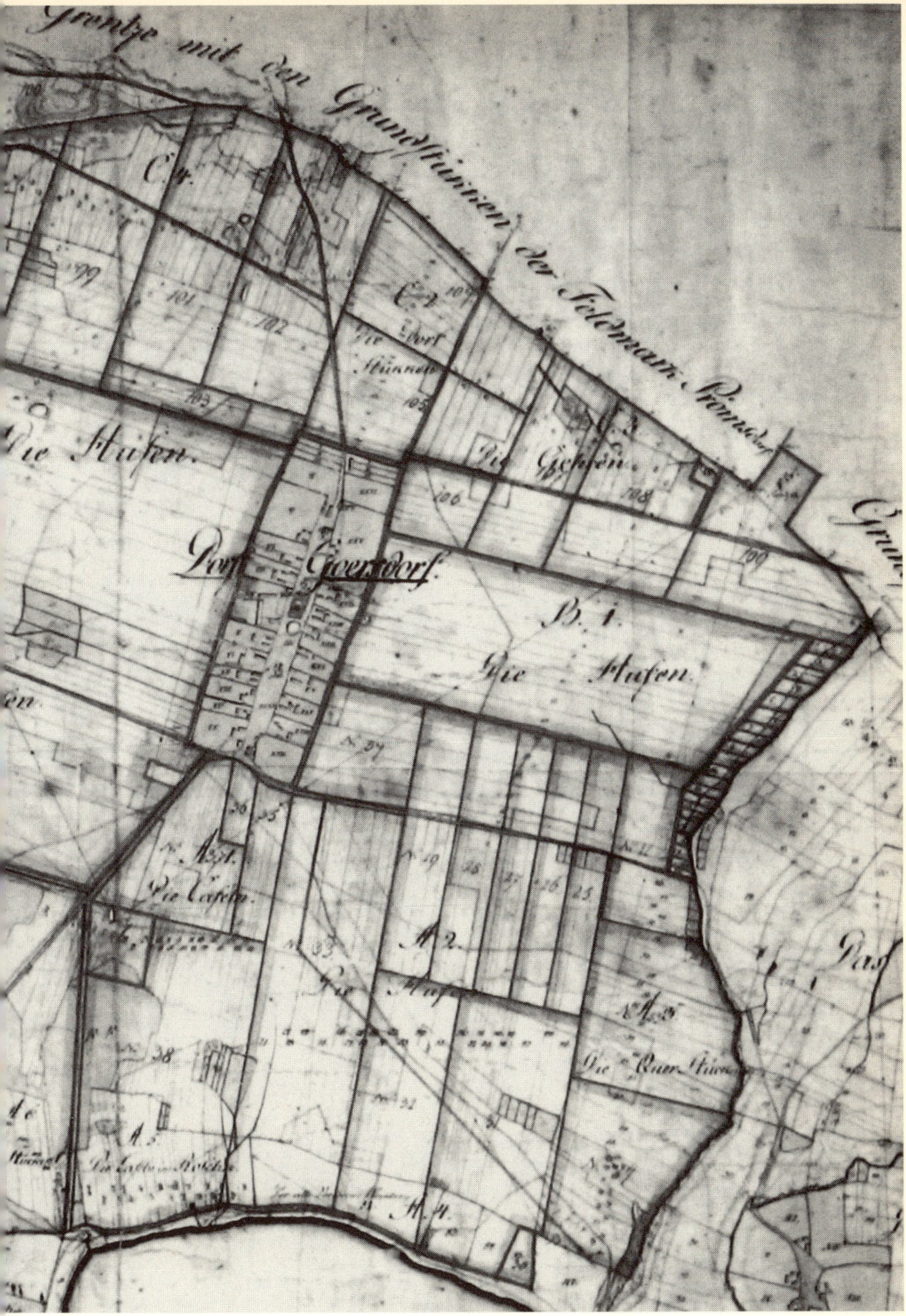
Die Hufen
B. 1
Die Hufen

nete ursprünglich eine Ackerfläche, die für eine Familie mit Pflug und einem Gespann zum Lebensunterhalt ausreichend war. Sie umfaßte je nach Gegend, Tradition und Bodengüte etwa 20 bis 40 Morgen, war also nach heutigen Maßen 5 bis 10 Hektar groß. Als bei der mittelalterlichen Kolonisierung der Organisator der Neusiedlung, der Schulze oder auch Lehnmann oder Lehmann (also der, dem das Land zwecks Aufteilung zum Lehn gegeben, geliehen, wurde), das Land unter die Siedler verteilte, mußte er es, um niemanden zu benachteiligen, der unterschiedlichen Beschaffenheit und Güte des Bodens wegen in schmale Streifen aufteilen, so daß jeder die gleiche Anzahl guter und schlechter Stücke bekam. Auf Flurkarten aus alten Zeiten wird diese Zerrissenheit des Landbesitzes überdeutlich, und auf den neueren Karten zeigen sich noch Reste davon. Die schmalen Streifen, in die die Flurstücke aufgeteilt waren, wurden meist als Stücke bezeichnet. Da gab es in Görsdorf zum Beispiel die Dorf-Stücken und die Krummen Stücken, die Seechen-Stücken, die Stücken hinterm Heydchen und die Stücken am Strang. In jeder Richtung, an jedem Hügel und jeder Senke war jeder Bauer ein wenig beteiligt. So entstand die später störende Gemengelage, die nicht nur weite Transportwege, sondern auch den sogenannten Flurzwang zur Folge hatte, weil durch die bis Ende des 18. Jahrhunderts betriebene Dreifelderwirtschaft, bei der zur Schonung der Bodenfruchtbarkeit die Äcker in jedem dritten Jahr brachlagen und gemeinschaftlich beweidet wurden, ein ackerbauliches Gemeinschaftssystem mit gemeinsamer Viehhütung erforderlich war. Mit der Privatisierung des Bodens, die ihn verkäuflich machte, endeten die Gemeinschaftsinteressen. Der Flurzwang wurde aufgehoben, und auch die der Gemeinde gehörenden Ländereien (Gemeinheiten oder Allmende genannt) wurden teilweise einer Teilung unterworfen, die auch eine Neuordnung des Wegesystems nach sich zog.

In Dörfern wie Kossenblatt, in denen die Bauern einem Gutsherrn unterstanden hatten, dem sie für ihre Befreiung eine Entschädigung zahlen mußten, gab es natürlich schwere Konflikte, die häufig zugunsten der Gutsherren ausgingen, aber Streitereien blieben auch unter den einzelnen Bauern nicht aus. Da sich im preußischen Rechtsstaat diese Eigentumsveränderungen nicht wie 1945 bei der Aufteilung des enteigneten Großgrundbesitzes unter den Bedingungen der sowjetischen Besatzungsherrschaft diktatorisch in ein paar Monaten regeln ließen, zogen sich die Prozesse, die in Folge der Ablösungen und Separationen geführt wurden, über viele Jahrzehnte hin. In den meisten Fällen konnten die Bauern erst in der zweiten Hälfte des 19. Jahrhunderts aus ihrer Befreiung auch ökonomisch etwas gewinnen. Aber anders als die Landgewinner von 1945 konnten sie sich damals doch etwa ein Jahrhundert lang ihrer Selbständigkeit erfreuen.

VON EINEM KIRCHTURMKNOPF UND EINEM HÜHNEREI

Als sich in der ersten Hälfte des 19. Jahrhunderts die Einwohnerzahl von Görsdorf und Premsdorf so sehr vergrößert hatte, daß beim sonntäglichen Gottesdienst die Plätze in der Kirche nicht mehr ausreichten, wurde der Einbau von Emporen beschlossen, und bei dieser Gelegenheit stellten die Baufachleute auch die Reparaturbedürftigkeit des Kirchturmes fest. Neben seiner Neueindeckung und der Reparatur der Wetterfahne war auch die Ersetzung des alten Turmknopfes nötig, der bei der letzten Renovierung der Kirche im Jahre 1719 aufgesetzt worden war.

Im August 1846 wurde der Turmknopf abgenommen und von einem Schieferdeckermeister aus Fürstenwalde, der die Ausführung der Reparaturen übernommen hatte, vor den Augen vieler schaulustiger Görsdorfer geöffnet. Doch kam dabei nicht, wie man erwartet hatte, eine Nachricht der Menschen, die vor 127 Jahren hier gelebt hatten, zutage, sondern zur großen Enttäuschung aller nur ein noch intaktes, aber völlig eingetrocknetes Hühnerei.

Falls die Görsdorfer von 1719, also aus der Zeit des Soldatenkönigs, ihren Nachkommen nicht nur einen Schabernack hatten spielen wollen, sondern dem Ei eine symbolische Bedeutung beigelegt hatten, so wurde diese nun im Zeitalter der Dampfmaschinen nicht mehr als solche erkannt. Man fühlte sich von den Vorfahren um konkrete Nachrichten betrogen und beschloß sofort, es besser als diese zu machen, also in den neuen Knopf ein Papier einzulegen, das den Leuten, die in hundert oder zweihun-

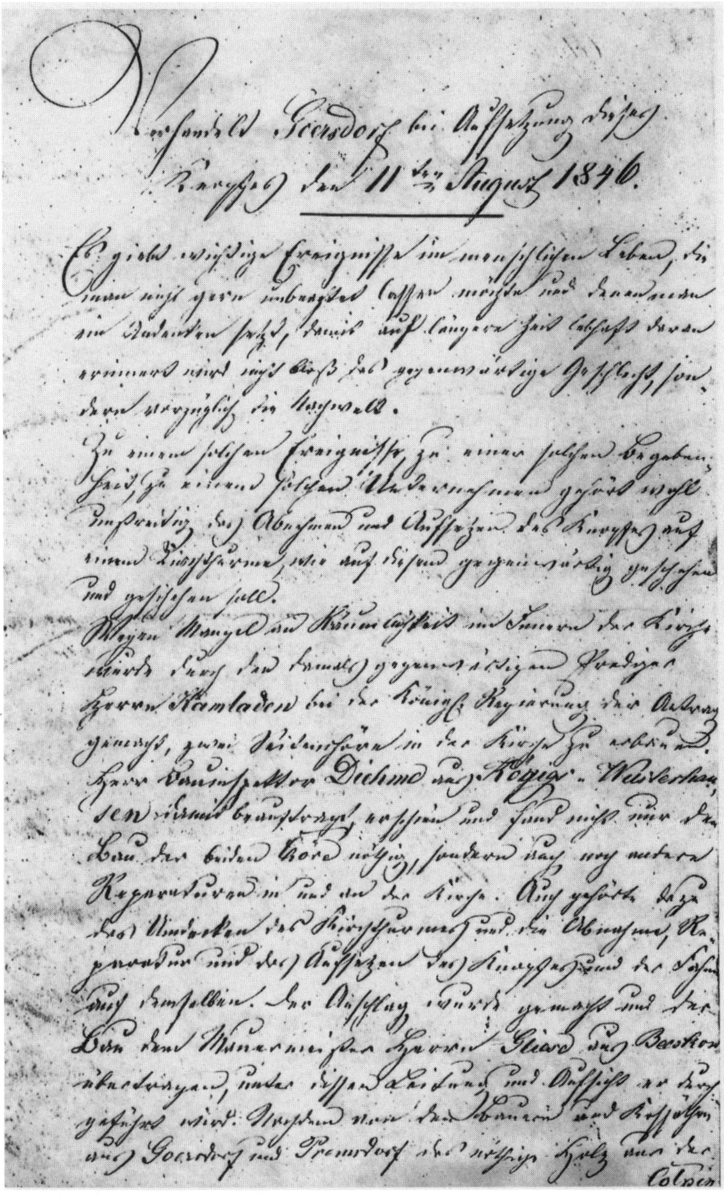

Verhandelt Geersdorf bei Aufsetzung dieses Kreuzes den 11ten August 1846.

Es giebt wichtige Ereignisse im menschlichen Leben, die man nicht gern unbeachtet lassen möchte und demnach im Andenken sucht, damit auf längere Zeit lebhaft daran erinnert wird nicht bloß das gegenwärtige Geschlecht, sondern vorzüglich die Nachwelt.

Zu einem solchen Ereignisse, zu einer solchen Begebenheit, zu einem solchen Unternehmen gehört wohl unstreitig das Abnehmen und Aufsetzen des Kreuzes auf einem Kirchthurme, wie auch diesem gegenwärtig geschehen und geschehen soll.

Wegen Mangel an Räumlichkeit im Innern der Kirche wurde durch den damaligen gegenwärtigen Prediger Herrn Kamladen bei der Königl. Regierung der Antrag gemacht, zwei Seitenchöre in der Kirche zu erbauen. Herr Bauinspektor Diechmann aus Kögin – Weiterhausen [illegible] und fand nicht nur den Bau der beiden Chöre nöthig, sondern auch noch andere Reparaturen in und an der Kirche. Auch gehörte dazu das Umdecken des Kirchthurms und die Abnehmen, Reparatur und das Aufsetzen des Kreuzes und der Fahne auf demselben. Der Anschlag wurde gemacht und der Bau dem Maurermeister Herrn Stiard aus Beeskow übertragen, unter dessen Leitung und Aufsicht er auch geführt wird. Nachdem nun den Bauern und Kossäthen aus Geersdorf und Premsdorf das nöthige Holz aus der [illegible]

Nachrichten für die Nachgeborenen

dert Jahren in Görsdorf leben würden, eine Botschaft aus der Gegenwart von 1846 geben sollte. Auf diese Weise, so hofften die Absender der Post an die Nachwelt, würden sie vielleicht lange nach ihrem Tode doch noch einmal in der Erinnerung lebendig sein.

Für einen so unbedeutenden Ort wie Görsdorf, der, wie schon gesagt, in seiner langen Geschichte noch nie einen Chronisten gehabt hatte, ist es als Glücksfall zu werten, daß dieses Dokument, das mehr Details preisgibt als amtliche Urkunden, uns erhalten geblieben ist. Es beginnt, wie ein Gerichtsbeschluß, mit den Worten: »Verhandelt Goersdorf bei Aufsetzung dieses Knopfes den 11ten August 1846« und ist namentlich nicht gezeichnet, doch ist seiner orthographischen Korrektheit wegen mit Sicherheit anzunehmen, daß Herr Ekkert, der damalige Lehrer und Küster, der Schreiber war. Zweck der Aufzeichnung war vor allem, sämtliche im Kirchspiel, also in Görsdorf, Premsdorf und Blabber, lebende Personen mit Namen, Beruf und Alter für die Nachwelt festzuhalten und darüber hinaus ein wenig über die Arbeiten an der Kirche, die Ämterverteilung im Dorfe und die politischen Umstände zu berichten – wobei letzteres, also die Zeitgeschichte, mit wenigen Sätzen am Schluß abgetan wird.

Sie seien alle, so heißt es, Untertanen des Königs von Preußen Friedrich Wilhelms IV., lebten, obwohl es Unruhen in Polen gegeben habe, glücklicherweise in einer Zeit, in der Frieden und Eintracht herrschten, und mit den religiösen Zerwürfnissen, die die »Lichtfreunde« (das waren freikirchliche Dissidenten) verschuldet hatten, sei es nun auch vorbei. Mehr ist über die politische Lage, die zwei Jahre später die Revolution hervorbringen sollte, nicht zu erfahren, aber das Ganze zeigt durch die Reihenfolge, in der die Personen aufgeführt werden, deutlich den Geist der Zeit.

Zuerst werden die Umbauten an der Kirche beschrieben, und die daran beteiligten Handwerker aus Herzberg, Glienicke, Buckow und Beeskow werden mit Namen genannt. Dann werden alle Männer geehrt, die im Dorf Ämter bekleiden: der damals noch als Schulze bezeichnete Bürgermeister, der Pfarrer, der aber in Ahrensdorf wohnte, der Kassenrendant, also der Schatzmeister, drei Gerichtsmänner, die später Schiedsmänner hießen und unter Vorsitz des Schulzen kleine Rechtsfälle schlichten konnten, ein Schul- und ein Kirchenvorsteher, der Lehrer, der in damaligen Zeiten, in denen die Kirche noch die Aufsicht über die Schulen hatte, auch das Amt des Küsters und Organisten bekleiden mußte, sowie ein Schulgelderheber, der von den wohlhabenderen Leuten die wenigen Groschen für den Lehrer eintreiben mußte, denn trotz der schon seit mehr als hundert Jahren bestehenden Schulpflicht, die freilich auf dem Lande nur allmählich hatte durchgesetzt werden können, war der Unterricht im sparsamen Preußen nur für die Ärmsten ganz kostenlos.

Die nun folgenden Einwohnerlisten der beiden Dörfer werden, dem noch herrschenden Standesdenken folgend, nicht nach dem Alphabet oder nach der Lage der Häuser, sondern nach den Besitzständen geordnet, wobei Ausnahmen nur der Lehrer und der Schulze machen, die ihrer amtlichen Bedeutung wegen vorn stehen dürfen, sonst gilt die Eigentumsreihenfolge, weshalb der Gutsbesitzer, der in diesen Jahren zufällig eine Frau war, in der Görsdorfer Rubrik an der Spitze steht.

Die Witwe Paschke, geb. Sternitzky, die im Text noch besonders gelobt wird, weil sie der Kirche Altardecken und Leuchter geschenkt hat, wird erst amtlich korrekt als Frau Amtmann und Besitzerin des Vorwerks, dann aber, wie sie es vielleicht gerne hörte, als Rittergutsbesitzerin bezeichnet, wobei letzteres wohl kaum gestimmt haben wird. Denn ein Adelssitz ist Görsdorf seit dem 16. Jahrhundert nicht mehr gewesen. Es war ein Amtsdorf, eine Domäne, und das Gut wurde immer als Vorwerk, nämlich als eines des Amtes Beeskow bezeichnet, bis es im Verlauf der

Kapitalisierung des Landes zum Erbzinsgut der Paschkes wurde und als solches zwar faktisch, aber noch nicht juristisch ihr Eigentum war. Und von einer Erhebung zum privilegierten Rittergut ist hier nichts bekannt.

Frau Paschke also steht auf Grund ihres relativ großen Besitzes an der Spitze der Görsdorfer Liste, gefolgt von den Sonderfällen des Schulzen und des Lehrers, nach denen dann die übrigen Einwohner kommen, erst die als Bauern bezeichneten wohlhabenderen Landwirte, die mehr Grund und Boden als die ihnen folgenden Kossäthen (etwa Kleinbauern) besitzen, aber genau wie diese ihre Familien mit der selbständigen Wirtschaft ernähren können, was den am Ende der Liste folgenden Leuten nicht möglich ist. Es sind dies erstens die Häusler und Büdner, die zwar eine eigne Behausung, aber außer einem Garten kein Land besitzen und ihr Geld anders, durch ein Handwerk, eine Kneipe oder einen Laden verdienen müssen, und zweitens die völlig Besitzlosen, oft als Einlieger bezeichnet, die zur Miete wohnen, meist als Tagelöhner arbeiten, aber nicht wie die unverheirateten Knechte und Mägde, die die Liste in die Familien ihrer Herrschaften eingliedert, fest angestellt sind.

Ganz am Schluß aber steht eine Dorfarme, das heißt eine nicht mehr arbeitsfähige alte Frau ohne Familie, die von der Gemeinde ernährt werden muß. Sie lebt mit der sechsköpfigen Familie des Schäfers zusammen in einem wahrscheinlich der Gemeinde gehörenden Hause, das man sich nicht klein und ärmlich genug vorstellen kann.

Ähnliches gilt aber auch für das Dorf als Ganzes, das viel ärmlicher aussah als das uns heute vertraute, wenn auch seine Anlage etwa der heutigen entsprach. Wo Ende des 19. Jahrhunderts und später massive, mit Ziegeldächern versehene Bauernhäuser, oft mit verzierten Fassaden, errichtet wurden, standen damals meist noch niedrige Lehmfachwerkhäuser mit Stroh- oder Rohrdächern und kleinen Fenstern, ohne jeden uns heute gewohnten Komfort.

Stattlicher als heute war nur die Kirche, die noch ihren höheren Turm hatte und darauf den Turmknopf mit den Papieren, in denen unter anderem auch die Hoffnung geäußert wurde, daß alle, die in hundert Jahren oder erst später diese Nachrichten aus der Vergangenheit lesen würden, in Liebe jener gedenken sollten, die diesen Ort vor ihnen bewohnt hatten.

Es dauerte dann aber nicht einmal ein Jahrhundert, bis die Papiere wieder ans Licht gelangten. Denn als der Turm im April 1945 einstürzte, waren erst 99 Jahre herum.

VON KIRCHE UND SCHULE

Kirchlich und schulisch gehörte Premsdorf, das nur einen knappen Kilometer entfernt liegt, auch schon vor seiner Eingemeindung 1938 zu Görsdorf, denn es hatte weder Schule noch Kirche, und seine Verstorbenen mußte es in Görsdorf begraben, weshalb die kürzeste Verbindung zwischen den Orten heute noch Totenweg heißt. Görsdorf aber hatte Kirche, Kirchhof und Schule, jedoch keinen Pfarrer. Denn diese saßen nur an Orten, die eine sogenannte Mutterkirche hatten, Görsdorf aber war immer eine Tochterkirche, die in Zeiten der Reformation zu Kossenblatt gehört hatte, danach, bis 1766, vom Pfarrer der Mutterkirche in Wulfersdorf betreut wurde, später dann, bis zum Ende des 20. Jahrhunderts, von dem in Ahrensdorf.

Der Kirche wegen waren also immer viele Wege zurückzulegen, vom Pfarrer zu Gottesdiensten, Taufen, Hochzeiten und Beerdigungen, von den Einwohnern zwecks Eintragung von Sterbefällen, Geburten und Hochzeitsaufgeboten in die Tauf- Trauungs- und Sterberegister der Kirchenbücher. Denn bis zu Bismarcks Zeiten war das Pfarramt gleichzeitig Standesamt, und auch die Schule unterstand der Aufsicht der Kirche, so daß der zuständige Pfarrer immer Vorgesetzter des Dorflehrers war.

Noch bis in die Hitlerzeit hinein war das Amt des Lehrers mit dem des Organisten und Küsters verbunden. Als 1932 der Lehrer Alfred Jahn von Selchow nach Görsdorf versetzt wurde, mußte er vor Antritt der Stelle, um seine Eignung als Küster und Organist nachzuweisen, bei der Görsdorfer Kirchengemeinde eine sogenannte Kirchenprobe ablegen, und seine Bestallung vom Oktober 1932 erhielt er nicht nur von der Preußischen Regierung, Abteilung Kirchen- und Schulwesen, sondern auch vom Evangelischen Konsistorium der Mark Brandenburg.

Das ehemalige Schulgebäude, das bis nach 1945 die Lehrerwohnung und das Klassenzimmer für die einklassige Dorfschule beherbergte, ist das mittlere der drei heute auf dem Anger stehenden Wohnhäuser. Das Haus rechts davon, nahe der Kirche, war der Vorgängerbau, der von der Gemeinde veräußert wurde, als der neue Schulbau fertig geworden war. Das links davon stehende Haus war früher die Gaststätte, die im Kriege zur Hälfte zerstört und trotzdem bis etwa 1970 noch weiter betrieben wurde. Ihr Tanzsaal diente zeitweilig als Turnhalle der Zentralschule, die zwischen 1950 und 1975 im Gutshaus und der dazugehörigen Baracke untergebracht war.

Die Görsdorfer Kirche ist sicher schon bald nach der Gründung des Dorfes gebaut worden, und zwar aus Feldsteinen, dem billigsten und haltbarsten Material, das man ausreichend hatte, da es auf den Feldern zu finden war. Es wird sich um ein gedrungenes Gebäude mit schmalen Fenstern und einem niedrigen Eingang, wie er auf der Längsseite noch vorhanden ist, gehandelt haben, das in Kriegszeiten auch Schutz bieten konnte und bei den häufig ausbrechenden Bränden nicht so gefährdet wie die strohgedeckten Wohnhäuser und Ställe war. Leider gibt es keine Nachrichten darüber, ob die Vergrößerung der Fenster schon bald nach der Reformation vorgenommen wurde oder ob das erst nach einer Zerstörung, vielleicht im Dreißigjährigen Kriege, geschah. Sicher ist nur, daß ein Umbau 1719, also zu Zeiten des Soldatenkönigs, erfolgte, zu dieser Zeit etwa auch das Gestühl gefertigt wurde und daß der Einbau der dreiseitigen, von Pfosten getragenen Empore, unter der sich seit 1992 ein heizbarer Gemeinderaum befindet,

Die seit 1945 turmlose Görsdorfer Kirche auf dem abgeräumten Friedhof

1843 geschah. Der hölzerne Altaraufsatz, der in jüngster Zeit neu übermalt wurde, ist älter, nämlich von 1602. Aus gleicher Zeit stammt die Kanzel, deren Brüstungsfelder die vier Evangelisten zeigen. Starke Beschädigungen erlitt die Kirche bei den Kämpfen Ende April 1945, doch wurde sie unter Mithilfe vieler Dorfbewohner bald nach dem Kriege wieder errichtet, wobei der Eingang auf der Westseite vergrößert wurde und der Turm darüber an Höhe einbüßte, was der Schönheit des ältesten Gebäudes des Dorfes nicht gut bekam.

Von der alten Kirchhofsmauer aus Feldsteinen, die nach einer Verordnung Friedrich des Großen in allen Dörfern errichtet werden mußte, um das häufig durchs Dorf getriebene Vieh von den

Gräbern fernzuhalten, sind heute nur noch traurige Reste vorhanden. Die Toten von Görsdorf und Premsdorf werden seit 1971 auf einem neuangelegten Friedhof begraben, der im Wald zwischen den Ortschaften liegt. Der alte Friedhof rund um die Kirche ist zu einem Rasenplatz geworden, auf dem sich als letzte Erinnerung an alte Zeiten noch das Grab der Gutbesitzerfamilie Paschke erhebt.

VON BEGEISTERUNG UND VERBLENDUNG

Nach der Gründung des Deutschen Reiches 1871 entwickelte sich besonders in der Umgebung der Hauptstadt, aber auch in den Dörfern entlegener Gebiete ein bescheidener Wohlstand, der sich vor allem darin zeigte, daß, auch mit Unterstützung der Feuerkassen, die oft gegen Betrügereien machtlos waren, die Lehmhäuser mit Strohdächern durch massive Bauten mit Ziegeldächern ersetzt wurden und langsam auch eine Mechanisierung der landwirtschaftlichen Arbeit begann. Der Erste Weltkrieg ließ diese Entwicklung stagnieren und brachte viel Leid über die Dörfer. Da die Männer Soldat werden mußten, hatten die Frauen, Kinder und Greise, teilweise unterstützt von Gefangenen, die schwere Arbeit in Ställen und auf dem Acker zu leisten, und manche Ehemänner und Söhne kehrten aus dem Krieg nicht mehr zurück. Ein Denkmal für die Gefallenen, das man in fast allen Dörfern der Umgebung in mehr oder weniger gepflegtem Zustand findet, ist in Görsdorf weder nach dem Ersten, noch nach dem Zweiten Weltkrieg errichtet worden – woraus aber wohl nicht auf einen Mangel an vaterländischer Gesinnung, sondern eher auf einen an Finanzen zu schließen ist.

Denn politisch hing man in den Weimarer Jahren, wie überall auf dem Lande, auch in Görsdorf am Alten, trauerte um den Kaiser, organisierte sich in Kriegervereinen und wählte traditionsbewußte rechte Parteien, bis mit dem Erstarken der Nationalsozialisten deren Partei an Einfluß gewann. Bei den Reichstagswahlen vom 31. Juli 1932 zum Beispiel gab es hier für die Kommunisten lediglich 3 Stimmen, 31 für die Sozialdemokraten und 20 für die Deutschnationalen, 71 aber für die NSDAP.

Die Bauernwirtschaften, die der Krieg schon geschwächt und die Inflation von 1923 durch Verlust alles Gesparten an den Rand des Ruins gebracht hatte, erholten sich in der zweiten Hälfte der zwanziger und zu Beginn der dreißiger Jahre wieder. Viele Wohnhäuser, Scheunen und Ställe wurden in diesem Jahrzehnt saniert oder neu errichtet, und da die Elektrizität nun auch die entferntesten Dörfer erreichte, machte durch sie nicht nur die Mechanisierung der Landarbeit Fortschritte, sondern es zogen mit der Elektrobeleuchtung auch erste Ansätze von Wohnkomfort in die Häuser der Bauern ein.

Ein erhalten gebliebenes Protokollbuch der Görsdorfer Gemeindevertretung für die Jahre 1895 bis 1938 läßt in den ersten zwei Jahren der Hitlerherrschaft keine politische Beeinflussung erkennen. Weiterhin werden die auch schon vorher anstehenden Probleme wie die Bepflanzung der Dorfaue mit Ahornbäumen, die nie erfolgte, oder der Chausseebau nach Kossenblatt, der nie zustande kam, beraten, und erst ab März 1935 zeigen formale Veränderungen die neue Herrschaftsform an. Die Sitzungen der Gemeinderäte werden laut Protokoll mit dem »Deutschen Gruß« eröffnet, und Beschlüsse werden nicht mehr von den Gemeindevertretern gefaßt und verkündet, sondern der Bürgermeister, als der kleine Führer, beschließt und befiehlt. Einer der Gemeinderatsmitglieder kann sein Fehlen mit »SA-Dienst« entschuldigen, und mehrfach wird über die Aufforderung des Landrats beraten, eine kostspielige Rundfunkanlage für den »Gemeinschaftsempfang« anzuschaffen. Abgelehnt wird diese Ausgabe schließlich mit der Begründung, daß »viele Besitzer eigne Rundfunkgeräte haben

und daher nicht zum Gemeinschaftsempfang« kämen. »Sämtliche Gemeinschaftsempfänge waren bisher immer schwach besucht.«

Wie auch in den meisten anderen Dörfern und Städtchen ist auch bei uns die Erforschung der jüngsten Geschichte noch nicht weit gediehen. Über Endmoränen und slawische Scherben weiß man meist mehr als über die Hitler- und DDR-Jahre. Selten erhält

Kinderspiele 1936

Görsdorfer Schüler im Jahre 1935

man Antwort auf die Fragen, wer hier in den Hitlerjahren das Sagen hatte, wie viele Parteigenossen unter den Einwohnern waren, wieviele Juden vertrieben oder verschleppt wurden, wer wann Soldat werden mußte, auf welchen Höfen Kriegsgefangene und Zwangsarbeiter die an die Front geschickten Männer ersetzen mußten, wie viele der rekrutierten Männer gefallen, vermißt, in den Gefangenenlagern verendet waren oder wer im April 1945 dafür gesorgt hatte, daß kein weißes Laken aus den Fenstern hing. Häufiger als von den Brandstiftungen und Vergewaltigungen, die beim Einmarsch der sowjetischen Truppen passierten, kann man von den Räubereien der Panduren und Kosaken im Siebenjährigen Krieg etwas lesen, und aus DDR-Zeiten erfährt man zwar etwas über LPG-Gründungen und Kulturhausbauten, nichts aber über die Bauern, die von ihren Höfen vertrieben wurden, über die aus politischen Gründen Eingesperrten oder gar über die kleinen dörflichen und städtischen Machthaber im Auftrag von Stasi und SED. Vielleicht sind hier noch Schweigeverbote aus DDR-Zeiten wirksam, wahrscheinlicher aber ist, daß Rücksicht genommen wird. Auch im Westen Deutschlands mußten, ehe dergleichen Forschungen öffentlich werden konnten, Jahrzehnte vergehen.

Jüdische Einwohner gab es in den Dörfern so gut wie gar nicht, und auch in Storkow und Beeskow lebten nur wenige. Aus mir nicht bekannten Gründen hatte sich schon seit etwa 1900 ihre Zahl in den beiden Städten beträchtlich vermindert. Neun Personen sollen es 1933 in Beeskow nur noch gewesen sein. Der jüngste Grabstein auf dem jüdischen Friedhof von Beeskow zeigt die Jahreszahl 1913. In Storkow fand das letzte jüdische Begräbnis 1933 statt. Aber auch hier wurden 1938 die wenigen jüdischen Einwohner bedroht, mißhandelt und später verschleppt. Ihre Namen kennt man heute teilweise, nicht aber die ihrer Mißhandler und Verschlepper. So wie man auch über die Leute, die in DDR-Zeiten die angeblichen Klassenfeinde verhafteten, die Bauern zum Eintritt in die Genossenschaft zwangen und die Stasi-Zentralen bedienten, selten etwas erfährt.

Über die Anfänge der Naziherrschaft in Görsdorf, an die wohl die Mehrzahl der Einwohner große Hoffnungen geknüpft hatten, gibt es glücklicherweise einige Zeugnisse, und zwar in den genauen, aber sehr einseitigen Aufzeichnungen des damaligen Dorfschulmeisters, die mir freundlicherweise dessen heute in Koblenz lebender Sohn zugänglich gemacht hat. Alfred Jahn hieß der damals noch junge, von seiner pädagogischen und politischen Aufgabe begeisterte Lehrer, der von 1932 bis 1936 in Görsdorf tätig war. Er konnte in einer uns heute nicht mehr verständlichen Weise nationalsozialistische Überzeugung mit christlichem Glauben in sich vereinen, ohne einen Widerspruch darin zu sehen. Mit gleichem Eifer erfüllte er seine Pflichten als Organist in der Kirche und als politischer Pädagoge, und zwar sowohl in der Schule als auch darüber hinaus. Für die ganze Gemeinde organisierte er neben den christlich ausgerichteten Weihnachtsfeiern auch die vielen politischen Kundgebungen, Feste und Aufmärsche, die nach dem Januar 1933 alle Einwohner immer wieder im Saal des Gasthauses vereinten, wo auch die Erwachsenen das Singen des Horst-Wessel-Liedes lernten und der eifrige Lehrer Reden zum Ruhme Hitlers hielt. Schon wenige Wochen nach seiner Ankunft gründete er ein Orchester mit Geigen, Mandolinen, Gitarren und Trompeten, zu dem 12 Kinder und 16 Erwachsene gehörten, und nachmittags und abends erteilte er kostenlosen Musikunterricht. Sein besonderes Steckenpferd war der V. D. A., der Verein für das Deutschtum im Ausland, der durch die Überredungskünste des Lehrers bald 100 Mitglieder in der Gemeinde hatte und bei allen Aufmärschen mit seinen blauen Wimpeln erschien.

Es sind Hunderte von engbeschriebenen Seiten, die Lehrer Jahns Görsdorfer Aufzeichnungen füllen. Zum größten Teil sind es Unterrichtsvorbereitungen, die neben seinem politischen Agitationseifer auch zeigen, daß er ein geschickter und fleißiger Pädagoge war. Den schwierigen Unterricht in der einklassigen Schule versuchte er durch genaue Planung effektiv zu gestalten und so allen Alterstufen gerecht zu werden. Seine etwa 30 bis 40

Schüler zwischen 6 und 14 Jahren saßen ja, auf drei Abteilungen aufgeteilt, alle in einem Raum.

Da wird zum Beispiel im März 1933 für alle Schüler die Kreuzigung Christi behandelt und das Lied »O Haupt voll Blut und Wunden« gesungen, darauf in der Oberstufe der Aufsatz »Die nationale Erhebung des deutschen Volkes und der Volkskanzler Adolf Hitler« in Frage und Antwort vorbereitet, während die Unterstufe das schriftliche Zuzählen übt und die Mittelstufe die Frage »Wie vermehrt sich das Schneeglöckchen?« schriftlich beantworten muß. In den nächsten Tagen und Wochen sind nach der Himmelfahrt Christi, den Zehn Geboten oder den Geboten der Nächstenliebe die Erbbiologie, die Schmach von Versailles oder die Kennzeichen der nordischen Rasse an der Reihe, neben dem Verlust Oberschlesiens wird die Bestäubung der Tulpe behandelt, und das Lied »Alle Vögel sind schon da« wird wiederholt eingeübt. Durch das ganze Jahr aber ziehen sich die Vorbereitungen auf Feste und Feiern, die dem jungen Lehrer jede freie Minute rauben, ihm aber die Genugtuung verschaffen, daß er damit etwas für die glückliche Zukunft des deutschen Volkes vollbringt. Ob es sich um den Tag von Potsdam oder das Osterfest handelt, um Hitlers Geburtstag, den Tag der nationalen Arbeit, den Tag des deutschen Volkstums, den Erntedanktag, den Reformationstag, den Heldengedenktag oder die Weihnachtsfeier, immer muß er als Initiator wirken, Aufrufe schreiben, Reden halten oder an Vorabenden von Festen, wenn die Mütter seiner Schüler zusammenkommen, um zur Ausschmückung von Schule und Gasthaus Girlanden zu flechten, sie mit den lustigen Melodien seines Orchesters erfreuen. 1936 kann er voll Stolz melden, daß sämtliche Schülerinnen und Schüler dem Bund Deutscher Mädel und dem Deutschen Jungvolk angehören und er deshalb neben dem Hakenkreuzbanner auch die HJ-Fahne hissen darf.

Seine mit Schul-Chronik überschriebenen Berichte über die als

Feiern getarnten politischen Indoktrinierungen, an denen sich alle Dorfbewohner freiwillig, wie er meint, beteiligen, zeigen nicht nur den immer gleichbleibenden Ablauf der Feste mit immer dem gleichen pathetischen Gestus, den oft ein unterhaltend-geselliger Teil etwas auflockert, sondern auch des Schreibers Verblendung, die, wie man hoffen kann, ein Jahrzehnt später einer Enttäuschung und Desillusionierung Platz gemacht haben wird. 1933 beschreibt er zum Beispiel die Feierlichkeiten zum heute berüchtigten Tag von Potsdam, an dem anläßlich der Reichstagseröffnung der neuernannte Reichskanzler Hitler seine Verbundenheit mit der Tradition Preußens heuchelte, auf folgende Weise:

»Am 30. Januar 1933 wurde Adolf Hitler, der Führer der Nationalsozialistischen Deutschen Arbeiterpartei, der Führer unseres Vaterlandes, unser Volkskanzler. Mit Gewalt die Fesseln der letzten 14 Jahre tiefster Erniedrigung von sich streifend, so stand das deutsche Volk am 5. März 1933 geschlossen hinter der Regierung der Nationalen Erhebung. Dieser gewaltige Wahlsieg, der auch in unserem Görsdorf eine absolute Mehrheit für die nationale Regierung brachte, wurde in seiner ganzen Bedeutung den Kindern in einer Schulfeier am 9. März vor Augen gestellt. Der 21. März 1933, da in Potsdam die feierliche Eröffnung des 1. Reichstages unseres erwachten Deutschlands stattfand, wird unauslöschlich stehen im Gedenkbuch der deutschen Geschichte. Die Männer unserer nationalen Revolution sind Erben eines Friedrich des Großen, sie sind Erben eines Bismarcks, der unseren Führern den unbeugsamen Willen schenkt, unser deutsches Volk hinzuführen durch Nacht zum Licht, durch Kampf zum Sieg. Anläßlich dieses denkwürdigen Tages fand am Vormittag in unserer Schule eine Feier statt, in welcher der nationalen Erhebung in würdiger Weise gedacht wurde. Eine besondere Freude wurde meinen Kindern zuteil, daß wir zum 1.x auch in der Schule das Horst-Wessel-Lied singen durften. Zum 1.x wieder grüßten die alten ruhmreichen

Fahnen des alten Deutschlands vom Schulhaus herab. Abends um 8 Uhr formierten sich die vaterländischen Verbände (Landwehrverein, Feuerwehr, Männerturnverein und Sanitäter), die Schulkinder und alle Dorfbewohner, einige Marxisten ausgenommen, zu einem stattlichen Fackelzug, wie ihn Görsdorf noch nicht erlebt hat. Die Fahnen und Farben der nationalen Revolution schlossen die Reihen fest zusammen, die nun unter den Klängen vaterländischer Märsche zum Freudenfeuer auf dem Hufeberg zogen. Nach dem Lied »Flamme empor« gedachte ich in meiner Ansprache vergangener Jahre der Not und der Schmach des deutschen Volkes, der Tat unseres Reichskanzlers Adolf Hitler, des Werkes der nationalen Erhebung, das seine Krönung erhielt durch die erhabenen Feierstunden in Potsdam. Nach einem Treueschwur auf die Führer unseres erwachten Deutschlands und einem Hoch auf Volk und Vaterland beschlossen wir die wirkungsvolle Weihe dieses Tages mit unserer Nationalhymne und dem Horst-Wessel-Lied. Auf dem Rückmarsch bildeten die Schulkinder mit ihren Fackeln vor der Schule Spalier, und unter den Klängen des Präsentiermarsches wurden die Hitlerbanner, die zum 1.x über unser Görsdorf leuchteten, und die Fahnen mit den alten deutschen und preußischen Farben des Landwehrvereins in die Schule gebracht. Denen aber, die das ›Neue Deutschlandlied‹ noch nicht kannten, wie das Horst-Wessel-Lied hier genannt wird, bot das anschließende vaterländische Konzert im vollen Saal des Gasthauses Werth reichlich Gelegenheit, sich Text und Melodie für kommende Gelegenheiten fest einzuprägen. Es war das erste Freudenfeuer seit Bestehen unseres Dorfes! Heilige Flamme glüh, glüh und verlösche nie fürs Vaterland! Wir alle stehen dann mutig Mann für Mann, kämpfen und bluten gern fürs Vaterland!«

Dazu bot dann der sechs Jahre später beginnende und sechs Jahre währende Krieg reichlich Gelegenheit, und mancher von Jahns älteren Schuljungen kehrte aus ihm nicht zurück. Wieder mußten die Frauen, Kinder und Greise ohne die Kraft der Männer die Feld- und Stallarbeit leisten, Tag für Tag fürchten, daß die Post Todesnachrichten oder Einberufungsbefehle für die Jüngsten bringen könnte, und in der Endphase des Krieges unter den letzten Kämpfen leiden, als diese in der zweiten Aprilhälfte 1945 auch Görsdorf erreichten. Sie richteten schwere Zerstörungen an.

VON SPRENGUNGEN UND PLÜNDERUNGEN

Am 16. April hatte die verlustreiche Großoffensive der Roten Armee in Richtung Berlin an der Oder begonnen, am 17. waren die Stellungen der deutschen Armee auf den Seelower Höhen überrannt worden, und da die Russen gleichzeitig auch von Schlesien her angegriffen hatten, war Berlin am 25. bereits eingekreist. Die Beeskower Gegend hatte zwischen den beiden Stoßkeilen gelegen, so daß sie in den Tagen, in denen schon in Berlin gekämpft wurde, der deutschen 9. Armee als Rückzugsgebiet dienen konnte. Während die Armee Marschall Shukows am 22./23. April schon den Müggelsee und Königs Wusterhausen erreicht hatte und Marschall Konjews Truppen schon westlich des Spreewaldes Baruth und Luckau erobert hatten, hielten deutsche Truppen südlich von Frankfurt noch ihre Stellungen an der Oder und zogen sich erst am 25. bis hinter Beeskow zurück. Das Oberkommando der 9. Armee, das sich monatelang am Nordende des Scharmützelsees, im Gutshaus von Saarow, dem sogenannten Eibenhof, befunden hatte, flüchtete am 20. an die Südspitze des Sees, in den Wendisch Rietzer Bahnhof, wo es bis zum 26. ausharrte, während der Ring um die ganze Armee sich schon schloß. Görsdorf und seine Nachbardörfer, wie Kossenblatt und Pretschen, lagen in diesen Tagen noch innerhalb der Einkreisung, an dessen östlichem Rand. Der Rückzug der deutschen Truppen, der auf Märkisch Buchholz und Halbe zielte, von wo aus ein Ausbruch nach Westen versucht werden sollte, vollzog sich, nach Sprengung der beiden Kossenblatter

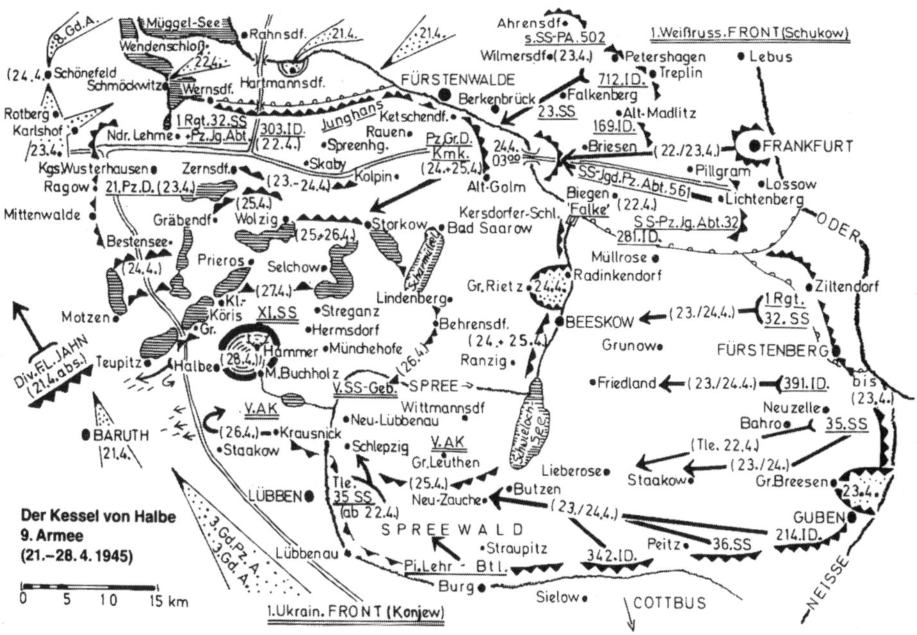

Verlauf der Kämpfe um den Kessel von Halbe im April 1945
(aus: Wilhelm Ticke: Das Ende zwischen Oder und Elbe)

Spreebrücken, in der Nacht zum 27. April. Da schon einige Tage zuvor, als in Beeskow und Groß Rietz bereits gekämpft wurde, Artilleriebeschuß und Tieffliegerangriffe eingesetzt hatten, waren die meisten Dorfbewohner, fast ausschließlich Frauen und Kinder, in die Wälder um Blabber, Drobsch und Schwenow geflüchtet, doch mußten einige immer mal wieder ins Dorf zurückkehren, da das Vieh versorgt werden mußte und manches zum Überleben Notwendige noch zu holen war.

Schon Tage vorher hatten die Görsdorfer die Schrecken des Krieges durch den Anblick von Toten und Verwundeten erfahren müssen, da bald nach Beginn des Durchbruchs der Russen an der Oder im Gutshaus ein Feldlazarett einquartiert worden war. Erst danach kamen die auf dem Rückzug befindlichen deutschen Truppen, die sich auf der Ostseite des Dorfes hinter den Gärten verschanzten, die Stellung aber bald wieder räumen mußten. Und doch hatten die kurzen Kampfhandlungen und der anschließende Einmarsch der Russen zahlreiche Schäden hinterlassen. Nach der ersten Bestandsaufnahme, die 1947 erfolgte, hatten etwa die Hälfte aller Wohn- und Wirtschaftsgebäude totale oder starke Schäden erlitten. Die Eigentumsverluste aber und die leichten Schäden, die jedermann zu beklagen hatte, wurden gar nicht gezählt.

In der Kirchenchronik des drei Kilometer von Görsdorf entfernten Kossenblatt ist eine detailreiche Schilderung des Kriegsendes zu finden, deren namentlich nicht genannter Autor nicht der Pastor, der damals Soldat sein mußte, sondern wahrscheinlich der Lehrer und Kantor Ernst Schrobback war. Da dieser wahrscheinlich im Kossenblatt der Hitlerjahre die gleiche Rolle wie der Lehrer Jahn in Görsdorf gespielt hatte, ist anzunehmen, daß Jahn das Ende ähnlich beschrieben hätte – so ohne jede Erinnerung an die weitverbreitete Hitlerbegeisterung, die sich 1933 auch in der Kirchenchronik niedergeschlagen hatte, so ohne jeden Gedanken an die einst begrüßten oder auch selbst verfaßten Aufrufe zum Kämpfen und Bluten fürs Vaterland.

Diese tagebuchartige Beschreibung des Kriegsendes ist einmalig für unsere Gegend, und da das in der DDR verordnete Schweigen über die Vorkommnisse des sowjetischen Einmarsches häufig noch immer anhält und mündliche Auskünfte aus Görsdorf ähnliche Vorkommnisse berichten, soll der handschriftliche Beitrag aus der Kirchenchronik hier nachgedruckt werden, ohne Auslassungen und mit nur wenigen Kommentaren, die in runden Klammern stehen.

»Die Zeit vor und nach dem Zusammenbruch 1945

Mitte Dezember 1944 setzte ein starker Frost ein, der bis Ende Februar 1945 nicht weniger als 12 bis 15 Grad betrug. Das war die Zeit, wo viele Männer und Frauen, Kinder und Greise aus ihrer Heimat im Osten unseres Vaterlandes weggetrieben wurden.

Am 29. Januar kam der erste Treck mit 48 Schwarzmeer-Deutschen. Sie wurden im Lehmannschen Saal einquartiert. Die Frauenschaft versorgte sie mit Kaffee, Milch und warmem Essen. Die Bewohner Cossenblatts spendeten jeder Fleisch, Speck, Kartoffeln und Gemüse. Ebenso wurden belegte Stullen in großen Mengen gebracht. Ein Teil dieser Flüchtlinge blieb hier. Nun kamen ununterbrochen Trecks aus dem Wartheland, die immer wieder bewirtet wurden. Die einzelnen Wagen hatten zum größten Teil ein notdürftiges Verdeck aus Sätüchern, Decken und Teppichen. Beladen waren sie mit Lebensmitteln für einige Wochen oder Monate, einigen Kleidungsstücken, Betten. Außen hingen Eimer, Waschwannen, Fahrräder. Sie fuhren weiter nach der Mitte Deutschlands. Wohin? Eine Elendswanderung. Schlimm wurde es, wenn die Pferde weggenommen oder krank wurden. Solche Wagen mußten dann von der Gemeinde bis in den nächsten Ort gefahren werden.

Am 30. Januar kamen die ersten Flüchtlinge aus der Provinz (gemeint ist die Provinz Brandenburg, zu der auch die Neumark, jenseits der Oder, gehörte), fast jeder nahm eine Familie auf. Am 2. Februar kam ein Treck aus dem Kreis Oststernberg in unsere Schule. Am nächsten Tage fuhren sie weiter nach der Prignitz. Viele Menschen sind bei den Trecks durch Kälte umgekommen. Zwei erfrorene Kinder habe ich am 4. Februar hier begraben helfen.

Am 5. Februar kam wieder Militär, 14 Mann, ein Brückensprengkommando, das unsere Brücken zur Sprengung vorbereiten sollte. Die Zollbrücke erhielt allein 13 Zentner Sprengstoff. Seit Anfang Februar werden unsere Brücken von Männern unserer Landwacht bewacht. Am 6. Februar kamen unabsehbare Scharen von Gefangenen durch unseren Ort, Russen, Serben und Italiener aus den Lagern Fürstenberg, Crossen und Guben. Eine Abteilung von hundert gefangenen Italienern baut unter Aufsicht von 48 deutschen Soldaten Panzersperren. Um unseren Ort herum werden sieben angelegt. In einem Abstand von einem Meter werden Baumstämme 1,50 Meter in die Erde gebracht, der Zwischenraum wird mit Feldsteinen gefüllt. Am 11. Februar kam eine Kompanie Infantrie aus den Kämpfen von Frankfurt/Oder zurück, um sich hier zu erholen. Alle Waffen und Geräte werden im Kirchturm untergebracht. Der Schulhof steht voller Fahrräder. Die Mannschaften wohnen in den beiden Schulklassen und beim Gastwirt Diehr. Militärlastwagen fahren dauernd durch den Ort. Evakuierte aus ganz Deutschland, sonderlich aus Berlin und aus dem Osten, sind hier bei Verwandten untergebracht. In den letzten Wochen haben viele Berliner ihre hier untergestellten Werte wieder nach Berlin geholt, weil sie angeblich jetzt dort sicherer sind. Die hiesigen Einwohner sind auch schon recht unruhig geworden, viele bereiten ihre Wagen schon zu, die meisten packen ihre Güter ein. Jeder hat nur einen Wunsch: hierbleiben!

Am 2. Februar mußte der Schulunterricht eingestellt werden, weil die Schulklassen belegt wurden. Die Jungen und Mädchen sind den Durchwandernden sehr behilflich. Durch Verfügung des Regierungspräsidenten vom 30. Januar wurde bestimmt, daß die Kinder mit Hausaufgaben zu beschäftigen sind. Der Aufenthalt der Kinder in der ungeheizten Klasse wurde auf eine Stunde, von 8 bis 9 Uhr, beschränkt. Es wurden nur Aufgaben auf- und Arbeiten abgegeben. Unsere Gottesdienste wurden vom 1. Januar an von Kantor Schrobback gehalten. Meist waren sie gut besucht.

Neue Soldaten kamen und gingen. Am 19. Februar kam eine Sanitätskolonne aus Guben. 30 Mann davon wohnten in der obersten Schulklasse. Sie machten das Epidiaskop, eine Lampe und alles Material zur Seidenraupenzucht entzwei. Sie unterschieden sich sehr von allen übrigen Soldaten. Ihre Vorgesetzten und mehrere Schwestern wohnten im Gutshaus. Ein großer Berg leerer Weinflaschen zeugte vom Leben in der Nacht.

Vom 22. Februar an wohnten Pioniere hier, die Schützengräben und Bunker bauen mußten. Von Mitte Februar an hörten wir den Kanonendonner von der Oder her. Bei einer Beerdigung auf dem Brieschter Friedhof rollte Schuß auf Schuß. Am 22. Februar haben wir einen Flüchtling von 70 Jahren begraben, der durchaus nicht aus seinem Hause bei Züllichau fortgewollt hatte. Die Feier fand in der Kirche statt.

Am 2. März machte der Bürgermeister durch Laufzettel bekannt, daß ab sofort sämtliche Einwohner unseres Dorfes sich an den Schanzarbeiten zu beteiligen haben. Es werden nun Laufgräben von 1,40 Metern, Unterstände, Maschinengewehrnester und Panzergräben hergestellt. Pioniere aus Spandau leiten die Arbeit. Zwischen dem Schäfereihaus und der Remise des Pfarrhofes wurde ein Panzergraben gebaut. Er ist 6 Meter breit, in der Sohle 2 Meter breit und 4,80 Meter tief.

Am Sonntag Lätare, 11. März, fand die Heldengedenkfeier am Kriegerdenkmal statt. Der Ortskommandant, Major Stephan, hielt die Festrede. Am 13. März erhielten wir 200 Strafgefangene, am 15. März rückten 50 Mann der O. T. (Organisation Todt) zum Bau von Bunkern vom Großen Cossenblatter See bis Briescht ein. Die O. T. wohnt in den Schulklassen. Es sind fast alles Mauerer und Zimmerleute, mehrere Meister zwischen 50 und 60 Jahren aus Mecklenburg. Sie waren alle sehr korrekt, sauber, liebenswürdig, hilfsbereit. Am ersten Ostertag, 1. April, feierten wir mit ihnen zusammen das Osterfest. Es war rührend, wie sie sich für

Kaffee, Kuchen und Eier bedankten. An diesem Nachmittag brannte unsere Feldscheune ab.

Am 18. April erhielt unser Dorf durch langgedehnte Feuerwehrsignale die Nachricht von der höchsten Alarmbereitschaft. Unsere O.T.-Leute erhielten Munition (6 Patronen), Panzerfäuste und Handgranaten. In der Nacht um 2 Uhr rückten sie aus, schweren Herzens. Die meisten dieser prächtigen, ergrauten Männer kamen sich noch besonders verabschieden. Alle Vorräte an Brettern, Schubkarren, Spaten, viele Hunderte, Nägel, Feilen, Sägen, Hämmer, Zangen und anderes Handwerkszeug blieben zurück im Spritzenhaus und auf dem Pfarrgrundstück. Solche Werte gingen verloren.

Am 20. April gab es wieder Alarm. Am 21. April hielten wir das letzte Mal Schulunterricht. Wir schlossen mit dem Gesang des Liedes ›Ein feste Burg ist unser Gott‹ und beteten ›Jesu, geh voran‹. Die Verabschiedung von jedem einzelnen Kinde war schwer und schmerzlich.

Nun kamen Tag und Nacht Formationen unseres Heeres durch den Ort. Am Montag, dem 23. April, kam das Feldlazarett in die unterste Schulklasse, der Verbandsplatz war unten im Kirchturm. Das Sanitätsauto mit den Medikamenten und Verbandsstoffen stand auf dem Schulhof. An demselben Tage kamen drei Flüchtlingsfamilien in unser Haus. Zu jeder Tages- und Nachtzeit waren die feindlichen Bomber in der Luft. Am 21. April fielen zwei schwere Bomben auf den Acker dicht hinter dem Schulgarten. Die Trichter waren so groß, daß unser Spritzenhaus in sie hineingegangen wäre. Fünf Bomben waren 100 bis 200 Meter weiter entfernt gefallen. An diesem Tage wurde Christel Piede durch einen Splitter am Bein verwundet.

Die Russen drangen in Eilmärschen durch Schlesien und Brandenburg vor. Crossen, Sorau, Guben, Forst, Cottbus wurden genommen. Schon waren Kämpfe bei Lübbenau und Lübben. Wir waren eingeschlossen. Schwere Kämpfe fanden im Kessel von Märkisch Buchholz, Halbe und Teupitz statt. Viele Tausende von Toten bedeckten das Schlachtfeld. Hunderttausende hätten am Leben bleiben können, wenn der Befehl unserer Führung nicht gegeben worden wäre, daß jede Stadt und jedes Dorf zu verteidigen war. Alles wurde zu den Waffen gerufen, sogar die Hitlerjungen, die erst Ostern 1945 aus der Schule entlassen worden waren. Kanonendonner dröhnte von allen Seiten. Bomben fielen ohne Pause.

Meist hielten wir uns in unserm Keller auf, um vor den Splittern einigermaßen sicher zu sein. Es fuhr kein Ackerwagen mehr. Die Arbeiten auf dem Felde wurden wegen Beschuß von Bordwaffen eingestellt. Einzelne Leute wurden auf dem Wege beschossen. Mit Bangen und Sorgen sahen wir dem traurigen Ende des Krieges entgegen.

Am 21. April rückten die Mitglieder einer Fahnenjunkerschule zur letzten Verteidigung unseres Ortes bei uns ein. Am letzten Tage, dem 26. April, waren wir fast nur noch im Keller. Granaten und Bomben schlugen ein, mal weiter entfernt, dann wieder näher. Jedesmal zog man den Kopf ein und schloß die Augen. Mancher, der längst das Beten verlernt hatte, bat Gott um Schutz. Am Nachmittag schlug bei Wilhelm Schrobback eine Bombe ein. Er war sofort tot, seine Tochter und zwei Frauen wurden verwundet. Eine Bombe ging in das Haus von Adolf Piede, eine bei Heinrich Piede, eine traf die Fabrik von Sabin, zwei gingen ins Schloß.

Außer einigen Soldaten waren wir elf Leute in unserm Keller. Kurz vor 2 Uhr nachts kam sich der Oberstabsarzt Dr. Seiler verabschieden. Er teilte uns mit, daß sich unsere Truppen um 2 Uhr nachts hier absetzen. Uns wurde so elend, so leer. Jeder wußte, nun sind wir verloren, wenn uns Gott nicht hilft. Etwa um 21 Uhr erfolgte die Sprengung unserer Zollbrücke, der Schleuse und der

Schafbrücke. Der Ziegeleischornstein war schon am Tage vorher gesprengt worden. Nun folgten lange, bange Minuten. Der Beschuß verstummte, Stille, Totenstille. Dann hörten wir die russischen Panzer anrollen.

Wir verließen den Keller und setzten uns ins Wohnzimmer, alle Türen unverschlossen. Ein Talglicht brannte. Auch drei von unsern Soldaten waren anwesend, ohne Ausrüstung. Sie wollten sich den Russen ergeben. Um 3 Uhr wurde vorsichtig unsere Haustür geöffnet, gleich darauf auch die Stubentür. Ein Russe stand vor uns, in der rechten Hand die Pistole, in der linken eine Taschenlampe. Die Soldaten untersuchte er nach Waffen, mit uns verständigte er sich so gut es ging. Die Soldaten nahm er mit. Sie hatten ihm russische Flugblätter überreicht, auf denen stand, daß sich die deutschen Soldaten ergeben sollten, sie würden sofort in ihre Heimat entlassen werden. Ich habe Weihnachten 1945 an ihre Frauen geschrieben. Nachricht von ihren Männern hatten sie noch nicht.

Nach zehn Minuten erschien derselbe Russe wieder und forderte meine Taschenuhr. Auch den Frauen nahm er alle Uhren und Ringe ab. Vom Morgengrauen ab erschienen dauernd Russen und Russinnen, durchsuchten alle Räume und nahmen mit, was ihnen gefiel. Im Keller hatten wir viele Koffer und Pakete, sie wurden alle aufgeschnitten und geleert. Das Plündern ging den ganzen Tag über. Jeder Kasten wurde aus den Spinden gerissen und durchwühlt. Was ihnen gefiel, nahmen sie mit, das andere wurde auf den Boden geworfen. Am Nachmittag erschienen ein russischer Major und ein Hauptmann, die sich, wie alle russischen Offiziere, korrekt benahmen. Sie erzählten uns auch, daß Stalin uns nach der Rückeroberung Stalingrads dreimal den Frieden mit den Grenzen von 1918 angeboten hätte.

Am Nachmittag verlangte ein Russe meine Frau für sich. Als ich es ablehnte, schoß er nach mir. Sofort stürmten zwei Russen herein, entrissen ihm das Gewehr und stießen ihn hinaus. Am Abend erschien ein anderer Russe mit demselben Ansinnen. Als wir am Nachmittag bei Theo Matrack waren, 15 Erwachsene und 2 Kinder, kam ein Russe wutentbrannt, nahm eine junge Frau und vergewaltigte sie im Nebenzimmer. Und niemand konnte es verhindern.

Viele Einwohner unseres Dorfes hatten im Walde Bunker gebaut und waren am 25. oder 26. April mit wenigen Sachen dorthin geflüchtet. Alle erzählten Grausiges über ihr Erleben. Der Beschuß war unheimlich gewesen. Wir hatten es in den Kellern besser.

Wie durch ein Wunder war in unserm Ort nicht ein Gebäude verbrannt oder völlig zerstört. Wäre nicht die sinnlose Zerstörung der Brücken durch unsere Soldaten gewesen, dann wäre Cossenblatt fast unverletzt geblieben. Die Gebäude an der Zollbrücke hatten Dächer, Fenster und Türen verloren. Die Kirchenfenster an der Südseite wurden durch den Luftdruck eingedrückt. Auch im Dorf sind an den meisten Gebäuden Dachziegel lose und in die Höhe gehoben. Viele Häuser haben Risse in den Wänden. Rings um unser Dorf sah man gewaltige Rauchsäulen. In Briescht brannten der größte Teil des Parkettwerks, viele Scheunen und Ställe ab. In Schwenow wurden das staatliche Forstamt, einige Wohnhäuser und fast alle Scheunen und Ställe durch Feuer vernichtet, ebenso in Wittmannsdorf und in Görsdorf. Werder dagegen verlor nur einen Schuppen des Sägewerks Karl Sänger.

Am Sonnabend, dem 28. April, saßen wir leise sprechend in der Küche. Dauernd liefen Russen durch alle Räume. Kurz vor 12 Uhr kam einer in die Küche und sagte: In ein bis zwei Minuten müssen alle Einwohner aus dem Dorfe heraus sein, schnell, schnell, schnell! Wir sollten nach Briescht für einige Tage. Schnell wurden ein Bett, eine Decke, einige Lebensmittel, und was man sonst noch griff, mitgenommen. In der Eile vergaßen wir sogar unsere Fahrräder, die uns auch wenig genützt hätten, denn sie wären uns unterwegs doch von den Russen abgenommen worden, wie wir es nachher noch oft erleben mußten. In Briescht sahen wir einen langen Zug von russischen Soldaten mit Musik durch den Ort marschieren, lauter frische, kräftige Soldaten, etwa zwanzig Jahre alt. Der anschließende Zug von Pferdewagen wollte kein Ende nehmen.

Plötzlich verbreitete sich die Nachricht, daß wir auch aus Briescht wegmüßten. Wir fuhren nun nach Sabrodt und fanden bei Künzack freundliche Aufnahme. In der Nacht wurden wir wieder einige Male von Russen besucht. Schon am nächsten Tag mußten wir unser Quartier wieder verlassen. Viele wanderten nach Beeskow, wir wieder nach Briescht. Da es sehr kalt war und seit einigen Tagen regnete, war es wie eine Erlösung, als uns Wilhelm Mattusch begegnete und verkündete, er sei Bürgermeister und suche seine Cossenblatter. In der Scheune von Milosch in Briescht sollten alle Cossenblatter sich sammeln. Da haben wir gut und ruhig gelebt. Brot hatten wir noch von unseren Soldaten, etwas Milch erhielten wir im Dorf. Täglich gingen einige Frauen unter Führung des Bürgermeisters nach Cossenblatt, um die Tiere zu füttern und zu melken, was unter Aufsicht der Russen geschah. Es war viel Militär in Cossenblatt, auch viele Offiziere.

Am 3. Mai durften wir endlich zurück in unser Dorf. Freudentränen standen in den Augen, als wir das Haus unversehrt fanden, auch die Möbel waren noch in gutem Zustand, aber alles leer. Kein Kleid, kein Anzug, kein Hemd, kein Handtuch, kein Taschentuch, keine Strümpfe, keine Lebensmittel sind mehr da. Wie alle Einwohner unseres Ortes hatten wir vieles eingegraben, aber fast alles war gefunden worden. Große Lastwagen waren in die Gärten gefahren, um dort alles gleich aufzuladen. Die Zäune waren umgefahren worden, als sie die besten Verstecke, im Stall, unter der Gartenhecke, zwischen den Sträuchern, entdeckt hatten, auch wenn mehr als ein Meter Erde über den Kisten gewesen war. Uns blieb die traurige Aufgabe, das aufzusammeln, was die Russen nicht gebraucht hatten. Sorgfältig wurde die Erde in den Löchern durchsucht, und groß war die Freude, wenn ein Löffel, ein Teller, ein Kragen oder ein Taschentuch noch gefunden wurden.

Schlimmer als die Russen aber waren die Polen (gemeint sind die Zwangsarbeiter), die man nicht, wie die gefangenen Italiener und Franzosen, vor dem Ende weggebracht hatte. Diese Polen nahmen die besten Wagen und Pferde, oft von ihren vorherigen Arbeitgebern, packten sie voll mit Möbeln, Kleidung, Wäsche und Lebensmitteln, die sie aus den Häusern holten, und niemand durfte ihnen das verwehren. Erwähnt werden müssen aber auch die Dorfbewohner, die den Unterschied zwischen mein und dein schnell verlernt hatten und die Nachbarn bestahlen. Es wurde alles genommen, sogar Ackerwagen vom Hofe, Schafe, Schweine, Rinder und Pferde aus dem Stall.

In unserer Gegend, über die der Krieg gegangen war, lag nun viel umher in den Wäldern, Gärten und Höfen: unbrauchbar gemachte Kraftwagen, zerbrochene Gewehre, Panzerfäuste, Handgranaten, Tornister, Helme, Uniformen, Decken, Brotbeutel, Kochgeschirre, Munition, kaputte Fahrräder, erschossene Pferde und tote Soldaten. In unserm Dorf wurden drei deutsche Gefallene auf dem Friedhof begraben, sie hatten weder Erkennungsmarken noch Soldbücher, sie waren etwa dreißig Jahre alt. In Briescht wurden 86 deutsche Soldaten in einem Massengrab beigesetzt, meist Männer um die fünfzig, in Schwenow waren es 72, die meist der Hitlerjugend angehörten. Albert Lehmann von hier wollte mit seinem Vater die schwerverletzte Mutter besuchen, sie gerieten zwischen Schwenow und Ahrensdorf auf eine Mine und wurden beide getötet. Willi Kirschke machte sich an einer Handgranate zu schaffen, sie explodierte und tötete Willi.

Für die gesprengte Zollbrücke bauten die Russen sofort eine

Notbrücke. Die Panzersperren und unsere Lichtleitung lieferten das Holz dazu. Die Brücke geht durch den Garten von K. Görsdorf, durch die Wiese von Schüler und den Hof von August Lehmann.

Da während unserer Abwesenheit fast alle Haustiere in Freiheit gesetzt worden waren, sind viele entlaufen, andere haben einen fremden Herrn gefunden. Das Geflügel ist zum größtenTeil abgeschlachtet worden. Manche Bauern haben kein Pferd mehr, kein Schwein, keine Kuh. Andere wieder, die vorher kein Pferd besessen haben, fahren jetzt mit einem.

Leider sind auch einige Selbstmorde vorgekommen, die bei etwas Gottvertrauen hätten vermieden werden können. Gustav Jakopaschke nebst Frau und Tochter haben sich am 27. April erhängt. Otto Miethe nebst Frau und verheirateter Tochter erhängten sich am 29. April, nachdem die Tochter ihre beiden blühenden Kinder von acht und sechs Jahren getötet hatte. Der zurückgekehrte Vater der Kinder erhängt sich am 2. November 1945. Ebenfalls erhängt hat sich Wilhelm Lohninger. Strommeister Müller nebst Frau und zehnjähriger Tochter wurden im Stall tot aufgefunden, ebenso eine Frau an der Schafbrücke.

Unsere Ernährung war zunächst befriedigend. Wir bekamen täglich ein halbes Pfund Brot, das von E. Radtke gebacken wurde. Es wurde aus Roggenschrot, das von Otto Miethe und Karl Kautsch mit ihren Schrotmühlen hergestellt wurde, gebacken. Es schmeckte sehr gut. Fleischermeister Diehr schlachtete für unser Dorf. Wir bekamen Kalb- und Rindfleisch. Milch gab es nur selten. Die Besitzer butterten wieder selbst. Am 14. Mai war eine Viehzählung. Jetzt müssen Milch, Eier und andere tierische Produkte wieder abgegeben werden.

Am 2. Pfingstfeiertag, dem 21. Mai, rückten am Vormittag hundert russische Soldaten an. Sie wohnen zum größten Teil im Schloß. Niemand darf die Schloßinsel, die Wiese Grabholz und den Gutshof betreten. Die Gutsfamilien wohnen im Wirtschaftsgebäude. Am Nachmittag sprach der Ortskommandant, ein Major, zur Gemeinde. Der Dolmetscher Erich Kleemann übersetzte es der fast vollzählig erschienenen Gemeinde. Es soll mit den Russen eine Verbrüderung stattfinden. Rauben und Plündern ist bei strengsten Strafen verboten, es soll jetzt wieder Ordnung herrschen. Klagen beim Kommandanten sind durch den Bürgermeister anzubringen.

Es geht keine Bahn, keine Post, kein Telefon, kein Rundfunk. Alle Rundfunk- und Photoapparate mußten am 14. Mai abgegeben werden. Auch alle Kraftfahrzeuge wurden beschlagnahmt. Es gibt keine Zeitung. Ab und zu erhalten wir die ›Tägliche Rundschau‹, eine russische Zeitung in deutscher Sprache. Ab Pfingsten soll die Bahn von Berlin nach Königs Wusterhausen dreimal am Tag fahren. Seit dem 20. Mai fährt die Bahn Berlin–Cottbus, seit dem 29. Mai die Bahn Lübben–Uckrow, aber nur offene Güterwagen. Luckau soll schon elektrischen Strom haben. Bei den zweigleisigen Bahnen (z.B. Berlin–Görlitz) wurde das zweite Gleis von den Siegern weggenommen. Auch die Bahn Beeskow–Grunow wurde abmontiert.

Vom 8. Mai an war unser Dorf ständig in Rauch gehüllt, da die Wälder ringsumher brannten. Junge Waldungen wurden ganz vernichtet, in älteren Beständen war es nur Bodenfeuer. Alles geschlagene Holz und das Reisig wurden ein Raub der Flammen. Unser Wald zwischen Platkow und Wittmannsdorf war immer so reich an Heidelbeeren. Jetzt ist alles vernichtet, auch das Wild. Am 18. Mai mußte die ganze Gemeinde mit Spaten versehen den Waldbrand zu löschen versuchen, da einzelne Gehöfte unseres Dorfes gefährdet waren. Aber auch zu Pfingsten brannte der Wald noch. Alle in den Wald verschleppten Decken und Möbel verbrannten. Die dort noch liegende Munition explodierte.

Der 1. Mai war ein besonderer Unglückstag unserer Gemeinde. Mit allen 29 Gespannen mußten wir eingesammelte Munition wegfahren. Plötzlich explodierte eine Mine beim Aufladen. Der Bürgermeister Wilhelm Mattusch wurde von vielen Splittern an Kopf, Leib und Beinen getroffen. Er wurde sofort in das Krankenhaus Beeskow geschafft. Es bestand die Hoffnung, daß er am Leben blieb.

Erst später, als die Wagen schon abgefahren waren, merkte man, daß Karlheinz Haase fehlte. Man fand ihn am Waldrand. Auch er war durch Splitter der Mine tödlich getroffen worden. Er war 21 Jahre alt, im Kriege sechsmal verwundet, allseitig geliebt und geehrt. An seiner Beerdigung beteiligte sich die ganze Gemeinde. Da hier kein Pfarrer war und Pfarrer Klein aus Leichhardt (heute wieder Trebatsch) ein Kommen abgelehnt hatte, weil er für Cossenblatt nicht zuständig sei, wurde Kantor Schrobback gebeten, die Beerdigung zu übernehmen.

Tag und Nacht fahren russische Lastwagen durch den Ort, ebenso hunderte von kleinen Pferdewagen. Wenn Russen hier übernachten wollen, gehen sie in die Häuser und benutzen die Zimmer und Betten, die sie haben wollen. Etwa hundert Russen leben im Schloß und im Gutshaus. Die Gutsbesitzerfamilie mußte nun auch die Wirtschaftsgebäude verlassen, sie wohnen nun im Pfarrhaus. Der Ortskommandant wohnt im Hause von Kaiser. Am 24. Juni hielt er wieder eine Gemeindeversammlung ab, diesmal im Gasthof Lehmann.Wieder sprach er davon, daß Plündern und Gewalttätigkeiten den Russen verboten seien. Tatsächlich läßt sich die Besatzung im Ort kaum etwas zuschulden kommen, aber die dauernd durchziehenden Soldaten nehmen noch immer weg, was ihnen gefällt. Aus dem Schlachthaus Diehr wurden zwei geschlachtete Schweine und ein Kalb weggenommen, vom Gut in einer Nacht zwölf Rinder weggetrieben. Die Wiesen zwischen der Schafbrücke und Briescht dürfen nicht gemäht werden, weil da etwa 500 Pferde weiden.

Die mit ein oder zwei Pferden bespannten kleinen Wagen, die

dauernd durchs Dorf fahren, sind meist mit geplünderten Gegenständen beladen, und ein bis zwei Pferde sind oft noch hinten angebunden. Wenn sie irgendwo haltmachen, geht das Plündern immer weiter. Besonders die Leute, die am Rand des Dorfes wohnen, sind schon alles losgeworden. Lehninger und Miethe, die an der Schafbrücke wohnen, bringen deshalb jeden Abend ihre Tiere ins Dorf.

Die Besatzungssoldaten, manchmal über 150 Mann, hielten täglich ihre Übungen auf der Straße und auf den Wiesen. Jeden Abend marschierten sie singend durchs Dorf. Als sie abgelöst wurden, kam eine Wirtschaftstruppe von 45 Mann. Die übernahmen die Bewirtschaftung und Leitung des Gutes. Die meisten Flüchtlinge und viele Dorfbewohner mußten dort arbeiten, täglich 70 bis 120 Personen. Als Lohn erhielten sie täglich einen Liter Magermilch, Mehl und ein paar Kartoffeln. Die geernteten Früchte, Getreide, Kartoffeln, Lein, Zuckerrüben, Heu und Stroh wurden abgefahren. Das Heu der Besitzer in den Schobern draußen wurde ebenfalls weggefahren, auch das frische Heu von den Wiesen. Von Albrecht Brauer, Richard Schüler und Leuert holten sie die schweren Schlachtschweine, die einzige Kuh von Alfred Juhrisch, die beiden Kühe von Lehmann, sämtliche Schafe von Alfred Bauer, die meisten Rinder vom Gut. Weggeholt wurde auch alles, was wir in unseren Gärten hatten, auch wenn wir dabeistanden. Da blieb für uns keine Zwiebel und keine Gurke übrig. Das Obst wurde schon lange vor der Reife abgerissen.

Nach 22 Uhr durfte keiner mehr auf die Straße, wer es sich doch traute, kam in den Keller. Dorthin kam auch, wer sich irgendwie vergangen haben sollte. So mußten z. B. August Lehmann, Karl Kaschke und Wilhelm Görsdorf zum Kommandanten kommen, weil ihnen ihre Pferde weggenommen worden waren. Von 23 Uhr bis 24 Uhr 30 dauerte die Verhandlung, auf dem Heimweg wurden sie festgenommen und bis zum nächsten Mittag in den Keller gesperrt. Zwei Russen mit aufgepflanztem Bajonett standen davor. August Lehman und der Friseur Gärtner griffen einen herrenlos umherlaufenden Ochsen, der, wie sich später herausstellte, den Russen gehörte. Sie wurden eingesperrt und sollten erschossen werden, erst durch Einspruch der Gemeinde kamen sie wieder frei.

Auf dem Dorfplatz vor W. Mattusch wurden neun Russen begraben. Die Gräber mußten von der Gemeinde gepflegt werden. (Ein Jahr später wurden sie exhumiert und nach Beeskow gebracht.)

Da keine Bahn fuhr und keine Post ging, konnten wir von unseren Angehörigen aus dem Westen unseres Vaterlandes nichts erfahren. Nur Boten konnten Nachrichten überbringen.

Wie sind die Menschen doch durch den Krieg schlecht geworden. Mein und dein kennen sie nicht mehr. Gestohlen wurde alles. Acker-, Haus- und Gartengeräte verschwanden laufend. Aus unbewohnten Gebäuden wurden Fensterscheiben, Fenster und Türen herausgenommen, aus dem Schloß sogar Öfen, Kochherde, Klosetts, Linoleum und Fußböden. Auch vor unserem ehrwürdigen Gotteshause wurde nicht haltgemacht. Die eben beschaffte schwarze Altarbekleidung und die schwarze Taufsteindecke verschwanden. Die von Frau Pastor Brandenburg gestickte dunkelgrüne Altar- und Kanzelbekleidung hatte Frau Eggert zur Aufbewahrung ins Pfarrhaus genommen, wo sie sie auf Anordnung von Pfarrer Gerlach behüten sollte. Sie hat sie sicher verschenkt. Ebenso hat sie die von Pfarrer Gerlach eingegrabenen Sachen ausgegraben und verschenkt oder selbst behalten.

In den ersten Wochen nach dem Zusammmenbruch hatte jeder noch einige Lebensmittel, bald aber fehlte es an allem. Ein Zentner Kartoffeln kostete 100 bis 200 Mark, Zuckerrüben mindestens 75 bis 100 Mark. Hundefleisch war begehrt. Ein Hund mittlerer Größe kostete 50 bis 100 Mark. Sorgsam wurden Getreideähren gesammelt und die Körner auf der Kaffeemühle gemahlen. Fast zu jeder Mahlzeit gab es Kartoffeln und Mehlstippe. Doch mit der Ernährung der Großstädter stand es viel schlimmer. Sie kamen täglich ins Dorf mit Kleidungsstücken und Hausgeräten, die sie zum Tausch gegen Kartoffeln anboten. Zu Fuß von Königs Wusterhausen, von Lübben oder Beeskow kommend, waren sie bei Hitze und Kälte unterwegs.«

VON KOLLEKTIVIERUNG UND MODERNISIERUNG

Überall in der Sowjetischen Besatzungszone wurden bald nach dem Ende des Krieges durch Befehle der Militärverwaltung die Besitzverhältnisse auf dem Lande dadurch verändert, daß Landbesitzer, die mehr als hundert Hektar besaßen, entschädigungslos enteignet wurden. In Görsdorf war 1945 das Gut davon betroffen, 1947 dann auch das sogenannte Waldgut Drobsch. Die enteigneten Wohn- und Wirtschaftsgebäude gingen in den Besitz der Gemeinde über, die Äcker, Wiesen und Wälder, insgesamt etwa 500 Hektar, wurden an Vertriebene, Landarbeiter und landarme Bauern verteilt. Die dadurch entstandenen kleinen Höfe mit wenig Vieh und mangelhafter technischer Ausstattung waren kaum überlebensfähig. Doch auch allen anderen Landwirten fiel es schwer, das befohlene Abgabesoll zu erfüllen, weshalb manche von ihnen aufgaben und nach Westdeutschland flohen. 1958 sahen einige Görsdorfer Bauern in den von der DDR-Regierung geforderten und geförderten genossenschaftlichen Zusammenschlüssen einen Ausweg und gründeten eine Landwirtschaftliche Produktionsgenossenschaft (LPG). Diese noch halbwegs freiwillig zustande gekommene Gemeinschaft von zwei Neusiedlern, vier Altbauern und einem landlosen Bürgermeister bewirtschaftete erst nur 90 Hektar, doch mußten sich ihr 1960 alle Bauern von Görsdorf und Premsdorf zwangsweise anschließen, so daß die LPG nun aus 35 Betrieben bestand.

In dieser selbständigen Form existierte sie aber nur dreizehn Jahre. Denn mit der stärkeren Technisierung und Spezialisierung aller landwirtschaftlichen Arbeiten und der damit verbundenen Großflächenwirtschaft und Massenviehhaltung wurden die Genossenschaften in den siebziger Jahren zu immer größeren Betrieben zusammengeschlossen, so daß 1973 auch die Görsdorfer LPG ihre durch zentrale Planung sowieso schon eingeschränkte Selbständigkeit völlig verlor.

Verloren war damit auch für die meisten Bauern ihre Beziehung zum eignen Boden, den zu bewirtschaften nicht mehr ihre Aufgabe war. Sie waren in den so entstandenen Großbetrieben, in denen fast alle erwachsenen Einwohner beschäftigt waren, zu spezialisierten Landarbeitern geworden, die täglich in andere Orte zur Arbeit fuhren und dort für die Stallfütterung, das Traktorfahren oder die Reparatur der Maschinen zuständig waren. Doch wurde, was viele von ihnen mit den erzwungenen neuen Zuständen rasch aussöhnte, der Verlust an Selbständigkeit durch Risikolosigkeit, feste Einkommen, Kranken- und Rentenversicherungen, Arbeitszeitregelungen und Urlaubsansprüche bezahlt.

Als 1990 mit dem Ende der DDR die Zwangsmitgliedschaft in den Genossenschaften endete, wagten es in Görsdorf nur zwei Bauern, sich als sogenannte Wiedereinrichter selbständig zu machen – was sich als schwierige und riskante Sache erwies. Die anderen beließen ihr Land bei den Genossenschaften, die, nun unter neuen Namen und mit einem Bruchteil der früher Beschäftigten, in Nachbarorten weiterbestehen.

Sieht man die nach wie vor ordentlich bestellten Äcker, scheint es, als ob die Landwirtschaft unsere Gegend noch immer präge, aber das täuscht. Denn sie lebt vorwiegend von Subventionen und bietet nur wenigen Menschen noch Arbeit, und die Bauerndörfer, die noch aussehen wie solche, sind keine mehr. Mit den Bauern geht es zu Ende. Als die Nazis, besonders in den ersten Jahren ihrer Herrschaft, ihre völkisch-romantische Bauernverherrlichung propagierten und der Lehrer Jahn den Görsdorfern verkündete: »Deutschland muß wieder ein Bauernland werden«, schrieen sie damit verzweifelt gegen eine Entwicklung, die schon im Gange war, an. Die Zwangskollektivierung der Kommunisten, die aus Bauern Arbeiter machte, war, auch wenn man es ungern zugibt und der Gerechtigkeitssinn sich dagegen auflehnt, eine gewaltsame Modernisierung, die, da dem Zuge der Zeit entsprechend, auch durch freiere Verhältnisse nicht mehr rückgängig gemacht werden kann. Die Großbetriebe müssen sich heute nicht mehr wie zu DDR-Zeiten nach einem zentralen Anbauplan richten, sie müssen aber, um an die Gelder aus Brüssel heranzukommen, statt Korn und Kartoffeln beispielsweise auf Hunderten von Hektar Ölfrüchte anbauen. Mit dem selbständigen Bauern alter Schule, dem Land und Leute das tägliche Brot verdankten, hat der von heute kaum noch etwas zu tun.

VON ZIEGELMEISTERN, SCHÄFERN UND MÜLLERN

Auf alten Landkarten, die den Zustand der Beeskower Gegend bis in die erste Hälfte des vorigen Jahrhunderts zeigen, kann man häufig außerhalb der Dörfer gelegene Wohnplätze, oft mit seltsamen Namen, finden, von denen manche in den größer werdenden Ortschaften aufgingen, andere im Laufe des letzten halben Jahrhunderts verfielen, weil sie den gestiegenen Komfortansprüchen ihrer Bewohner nicht mehr genügten. Denn in der Regel hatten sie weder Strom- noch Wasseranschlüsse, und nur in Glücksfällen führte eine befestigte Straße an ihnen vorbei.

Anders als zum Beispiel im Oderbruch, wo man nach der Neulandgewinnung durch Trockenlegung von Sümpfen die neuen, durch Auslosung gewonnenen und deshalb als Loose bezeichneten Gehöfte gezielt in die Mitte der Felder setzte, um Transportwege zu verkürzen, waren in unserer Gegend die einsamen Wohnplätze (die man übrigens hier nicht wie anderswo üblich als Einödhöfe bezeichnet) zu verschiedenen Zeiten durch andere Notwendigkeiten bedingt. Wind- und Wassermühlen mußten oft außerhalb der Ortschaften gebaut werden, da man sich nach den Bedingungen der Naturkräfte zu richten hatte, und ähnliches traf auf Wehr- und Schleusenanlagen zu. Forsthäuser und Teerhütten setzte man praktischerweise gleich in die Wälder, Schäfereien wurden inmitten ausgedehnter Weideflächen errichtet, und dort, wo neben Lehmvorkommen günstige Transportmöglichkeiten be-

Ruine einer Windmühle bei Tauche

standen, wurden Ziegeleien gebaut. Im 18. Jahrhundert, als die preußischen Könige das dünnbesiedelte Land weiter zu kolonisieren versuchten, wurden oft neue Wohnplätze begründet, die sich zu Dörfern ausweiten sollten, es aber nicht taten und deshalb oft die Bezeichnung Siedlung, Kolonie, Ausbau oder Etablissement, oft verbunden mit einem Personennamen, behielten, bis sie, oft erst im vorigen Jahrhundert, wieder eingingen und nur der Name erhalten blieb. Seltener geschah es dann im 19. und 20. Jahrhundert, daß sich reiche Leute oder Vereinigungen an landschaftlich schönen Punkten, besonders am Scharmützelsee, festsetzen konnten, weshalb es dort so poetische Namen wie Waldfrieden gibt.

Von den alten, verloren in Feld oder Wald liegenden Wohnplätzen der Beeskower Gegend sind Schweinebraten (zu dem Fontane bemerkte, er hieße so, »weil sie keinen haben«), Hungriger Wolf und Hammelstall nicht mehr vorhanden, wohl aber noch ein Schwarzer Kater, eine Krachtsheide, ein Kadelhof und eine Neue Herrlichkeit. Görsdorf hat heute noch zwei solcher Plätze, deren Zufahrtswege bei bestimmten Wetterlagen nur für Fußgänger, Radfahrer, Trecker und Panzerwagen passierbar sind. In Zeiten extremer Trockenheit, die häufig, und zwar nicht nur in Sommern, auftreten, läßt der berühmte märkische Streusand an kleinen Erhebungen die Räder von Straßenfahrzeugen bis an die Achsen versinken; an Regentagen können matschige Wegstrecken das gleiche bewirken, besonders wenn man, vom Weg abrutschend, in die Tiefen eines feuchtigkeitsgesättigten Ackers gerät. Immer sind die Fahrspuren, die schwere Traktoren in die Wege gedrückt haben, ihres hohen Mittelstreifens wegen, für Straßenautos gefährlich. Nach Stürmen auch leichterer Art empfiehlt sich das Mitführen von Äxten und Motorsägen, da umgestürzte Bäume die Durchfahrt sperren können und ein Umfahren oder Wenden häufig nicht möglich ist. Völlig unpassierbar aber werden die Wege am Ende des Winters, wenn Tauwetter Eis und Schnee in Wasser verwandelt und der noch gefrorene Boden dieses nicht aufnehmen will. Dann werden die vereisten Wege zu endlosen Pfützen, bei deren Durchquerung die Räder, statt sich zu drehen, nach unerwünschten Richtungen rutschen, so daß leicht eine widerstandsfähige Kiefer zur Endstation wird.

Die Entfernung zwischen Görsdorf und Premsdorf beträgt etwa ein Kilometer. Zwei- bis dreimal weiter entfernt liegen die beiden einsamen Wohnplätze, beide im Einschnitt des Blabbergrabens, so daß die letzten Strecken der Wege, die zu ihnen führen, ein starkes Gefälle aufweisen und der Ton der Görsdorfer Kirchenglocke nur selten zu ihnen dringt. Da Spaziergänge bei den Landleuten früher nicht üblich waren, hat mancher altgewordene Einheimische, dessen Felder in anderer Richtung lagen, diese entfernten Ortsteile noch nie besucht.

Beide liegen versteckt im Walde und sind von Ortsfremden nicht leicht zu finden. Doch gibt es in Görsdorf und den umliegenden Orten genug Kenner des Waldes, die mit Sicherheit den Weg weisen, besonders natürlich die Forstarbeiter und die unermüdlichen, auch zur Schlafenszeit regen Jäger, die dafür garantieren, daß kein Fremder die Wälder ungesehen betritt. Unkundige, die kein Auge dafür haben, daß jedes Waldstück sich von anderen unterscheidet, laufen Gefahr, sich hier zu verirren, was besonders gegen Ende des Sommers, wenn nach Trockenheitswochen die ersten ergiebigen Regenfälle die Pilzsuche lohnend machen, immer wieder geschieht.

Der eine Wohnplatz hat eine relativ kurze Geschichte und einen Namen, den keine Karte verzeichnet. Er heißt im Munde der Einheimischen nach dem Drobschsee, in dessen Nähe er sich befindet: der Drobsch.

In dessen Nähe, nämlich dort, wo der heute begradigte Blabbergraben im damals noch ausgedehnteren Drobschsee endete, hat möglicherweise im Mittelalter eine Wassermühle gestanden, aber außer der Erwähnung einer »Drobsch-Mohle« in einer Urkunde von 1376 gibt es keine Spuren davon. Die sichere Geschichte des Anwesens beginnt erst im Jahre 1886. Da beschloß die Gemeindeversammlung von Görsdorf, eine ihr gehörende Parzelle am Drobschsee zu verkaufen, und zwar an einen Ziegelmeister, der wenige Jahre später hier eine Ziegelei baute, die Lehmvorkommen auf den Hängen des Blabbertals ausbeutete und mit den Ziegeln die umliegenden Dörfer versorgte. Zu entfernter liegenden Dörfern wurden die Ziegel auf Kähnen über Drobschsee und Spree transportiert.

Lange scheint die Ziegelei nicht existiert zu haben. Schon 1909

Das Bahrsche Anwesen, ehemals Schäferei, mit Ziehbrunnen um 1950

waren der Ziegelofen und der Trockenschuppen nicht mehr vorhanden, und 1913 wurde das Areal mit Wohnhaus, Stall- und Scheunengebäude an den Görsdorfer Gutsbesitzer Hermann Paschke veräußert, der es 1915 als »Waldgut« weiterverkaufte und zwar an einen Grafen Hugo zu Castell-Rüdenhausen aus Berlin-Grunewald. Von diesem ging es 1919 in den Besitz des Berliner Fabrikbesitzers Max Miessner über, der auch das Gut in Görsdorf kaufte, und von diesem 1936 an den Berliner Kaufmann Bruno Hampel, der dem Wohnhaus, das er als Feriendomizil benutzte, durch die Holzummantelung des massiven Baus sein heutiges Aussehen gab. Von ihm wurde auch ein langgestrecktes längs des Weges stehendes Wirtschaftsgebäude errichtet, das nach 1945 Fischereizwecken diente und deshalb noch heute als Fischerhütte bezeichnet wird.

Da zu Hampels »Waldgut«, das eigentlich nur ein Ferienhaus war, auch die Fläche des Drobschsees zählte, erreichte der Besitz die 100-Hektar-Grenze und wurde 1947 enteignet und aufgeteilt. Das Wohnhaus und das Stall- und Scheunengebäude erhielten eine Neusiedlerfamilie, das Wirtschaftgebäude wurde Eigentum der Provinzialverwaltung und von ihr für Fischereizwecke verwendet. Der rohrgedeckte Kahnschuppen, den Hampel sich am See erbaut hatte, verfiel. Aktiviert wurde die aus Ziegeleizeiten noch vorhandene Lehmgrube. Sie wurde für den Wiederaufbau der im Kriege zerstörten Gebäude in Görsdorf genutzt.

Damit war aber die wechselvolle Geschichte des Drobsch nicht zu Ende. Denn als Anfang der siebziger Jahre die zu Genossenschaftsbauern gewordenen Neusiedler die Waldeinsamkeit satt hatten und ins Dorf zogen, wurde alles von einer Berliner Schulbehörde erworben, die die bereits vorhandenen Häuser um ein Sanitär- und Küchengebäude ergänzte, ein Schullandheim und Kinderferienlager einrichtete, es aber nach 1990 für private Wohnzwecke an Leute verkaufte, die sich am Morgen lieber vom Schrei des Fischadlers als von Autolärm wecken lassen und den verlandenden See mit der sich von Jahr zu Jahr weiter verringernden Wasserfläche dafür preisen, daß er nur wenige stille Angler, nicht aber Massen von Badelustigen oder Zeltbewohner mit Grillgelüst lockt.

Zur Geschichte des Drobsch gehört aber auch die Geschichte des an ihm vorbeiführenden Weges, der das nahe Dorf Schwenow mit Kossenblatt verbindet und der vor etwa zweihundert Jahren auf einem aufgeschütteten Damm durch die damals noch sumpfige Blabberniederung gelegt worden war. Zu DDR-Zeiten wurde er Teil der sogenannten Panzerstraße, auf der zwei- bis dreimal im

Jahr die massenhaft um Berlin herum stationierten sowjetischen Truppen Tag und Nacht in endlosen Kolonnen mit Panzern und schweren Waffen in ihre Herbst- und Frühjahrsmanöver zogen und den aufgeweichten Weg dabei zu einer Berg- und Talbahn machten, die bald selbst für Panzer nicht mehr passierbar war. Wochenlang waren die Rotarmisten dann mit der Planierung des Weges beschäftigt. Die voll Wasser gelaufenen Löcher, die oft die Tiefe eines Hauses hatten, mußten wieder aufgefüllt werden. Die dazu nötige Erde wurde mit einem Bagger gewonnen, der seitwärts des Weges erneut tiefe Löcher in den Wiesen- oder Waldboden riß. Ein Spaziergang von der Schwenower Seite auf dem Damm über den Graben zum Drobsch hinüber zeigt an Bäumen und im Boden noch immer die Wunden, die die lärmende Kriegsmaschinerie damals riß.

Ihr dumpfes Rollen und metallenes Scheppern, das ab und zu, wenn Fahrzeuge steckengeblieben waren, vom Aufheulen von Motoren übertönt wurde, war damals auch noch im benachbarten Blabber zu hören, das mehr als ein Kilometer vom Drobsch entfernt liegt und in einer Viertelstunde zu Fuß zu erreichen wäre, gäbe es in der Niederung einen direkten Weg dorthin. Will man sich nicht durch sperriges Erlengebüsch und stachliges Brombeergerank zwängen und sich dabei von flüchtenden Wildschweinfamilien erschrecken lassen, muß man östliche oder westliche Umwege über die das Tal einfassenden Höhen machen, um dann wieder aus den gedeckten Farben des Kiefernwaldes in das frische Niederungsgrün hinunterzugehen. Zwei Wohnplätze sind hier, falls man den richtigen Weg gewählt hat, zu finden, die nur etwa zweihundert Meter voneinander entfernt liegen und doch keinen Blickkontakt haben, weil ein Sandhügel, auf dem sich einige Kiefern mühsam am Leben erhalten, sie trennt. Als Blabber wird dieser abgelegene Ortsteil von Görsdorf im Volksmund bezeichnet, auf Landkarten aber ist an dieser Stelle, wenn überhaupt, die

Blabbermühle zu finden, was früher nur das eine Anwesen bezeichnete und heute falsch ist, weil von der Wassermühle so gut wie nichts mehr zu sehen ist. Genauigkeit ist nur auf alten Flurkarten zu finden, die, exakt an der Grenze der Görsdorfer Gemarkung, neben der Blabbermühle auch die Blabberschäferei verzeichnen. Sie lag stromabwärts – wenn man das von einem Gewässer, das heute im Sommer austrocknet, noch sagen darf.

Der Name Blabber (in alten Urkunden manchmal auch Plapper geschrieben) ist nicht wie vieles in dieser Gegend aus einer slawischen Ortsbezeichnung entstanden; es handelt sich hierbei wohl eher um Lautmalerei. Der Blabbergraben (oder die Blabber, wie wir sie, als sei sie ein richtiges Flüßchen, zu nennen wagen) blabbert bei hohen Wasserständen im Frühjahr über das niedrige Brückchen neben dem Garten und erinnert damit an die goldnen Zeiten, in denen das heutige Rinnsal Mühlen zu treiben vermochte, außer der Blabbermühle und der zu Lindenberg gehörigen Grundmühle noch möglicherweise als dritte die schon erwähnte Drobsch-Mohle, die aber im Dunkel der Geschichte versunken ist.

Der Blabbergraben, den der verdienstvolle Geograph und Kartograph Heinrich Berghaus in seinem dreibändigen »Landbuch der Mark Brandenburg« von 1855 nach der Kischowka, dem Neuen Fließ, dem Mühlenfließ, der Dober, der Wudritz und der Berste als den siebenten linken Zufluß der Spree bezeichnet, der weder mit Schiffen befahren noch beflößt werden könne, aber zwei Mühlen treibe, kommt aus dem Herzberger See, durchfließt die Lindenberger, Ahrensdorfer und Premsdorfer Seen und mündet unweit des Räuberbergs in den mit dem Schwenower See verbundenen Drobsch-See, der sein Wasser oberhalb der Kossenblatter Schleuse in die Krumme Spree ergießt. Auf den ausgedehnten Wiesen zwischen dem Premsdorfer und dem Drobsch-See, die vor Jahrhunderten auch einmal Seen waren und noch vor

Ruine der Blabbermühle um 1980

dreißig Jahren sumpfige Bereiche mit reichhaltiger Flora und Fauna hatten, wurde der Blabbergraben um 1980 herum vertieft und begradigt, so daß die Flächen im Sommer oft unter Trockenheit leiden, nur noch wenige Pflanzenarten sich halten können und Kiebitz und Wiedehopf völlig verschwunden sind. In waldigen Abschnitten aber, sei es unter Erlen oder unter Kiefern, durfte die Blabber ihren natürlichen, nämlich gewundenen Lauf behalten. Auf ihrer ganzen Länge von etwa 15 Kilometern gehört sie heute zum Naturpark Dahme-Heideseen.

Da zu allen Amtsdörfern, die im 16. Jahrhundert, erst vom Bischof von Lebus, dann von den Brandenburgischen Herrschern, in Besitz genommen wurden, Mühlen und Schäfereien gehörten, ist anzunehmen, daß beide Einrichtungen in Blabber nicht viel jünger sind als das Dorf. Urkundlich freilich läßt sich das nicht belegen, und selbst die spärlichen Nachrichten aus dem 16. Jahrhundert sind ungenau, weil bei der Erwähnung einer Mühle von Gyrstorff der Name Blabber noch nicht erscheint. Es gibt aber eine Springkmühle, die später nie wieder vorkommt, also ein Vorläufer sein könnte. Erst im 17. Jahrhundert wird der Name Blabber vielfach erwähnt.

Das erste erhaltene Tauf-, Sterbe- und Trauregister der Kirchengemeinde Wulfersdorf, zu der wie gesagt Görsdorf bis 1766 gehörte, beginnt 1647, also im letzten Jahr des Dreißigjährigen Krieges, und hier kommt Blabber zum erstenmal vor. Bei einer Taufe am 1. Februar 1657 ist einer der Paten aus »der Schäfferey bey der Blabermühle«, und dann erscheinen Jahr für Jahr immer wieder Einwohner von Blabber als Täuflinge, Eltern oder Paten, erst nur mit Vornamen und der Berufsbezeichnung, wie »Georg der Blabbermüller«, oder auch ganz ohne Namen wie »die alte Schäferin aus der Blabber«, etwa ab 1700 auch mit Vor- und Familienname wie »Meister Christian Hennings Blabber Müller«, »Matthes Krauß Schäfer Knecht auf der Blabber« oder »Christian Noacks Schäfers in der Blabber sein Töchterlein«. Im April 1730 erinnert das Sterberegister an »des Blabber Müllers M. Gottfriede Hennings einziges Söhnlein Christian, welches im Wasser ertrunken ist«, und das Ahrensdorfer Kirchenbuch berichtet von einem Unfall in der nächsten Generation: »Gottfriede Henning Erbmühlenmeister in der Plabber ist den 8. Sept. 1775 Morgends um 5 Uhr von dem Korn-Rade ergriffen und gerädert worden im 45. Jahre seines Alters.«

Wie wir aus den Nachrichten des Kirchturmknopfes wissen, lebten 1843 in den zwei Haushalten von Blabber, sicher unter den ärmlichsten und beengtesten Verhältnissen der Schäferei und der Mühle, insgesamt 23 Menschen, so viel wie später nie mehr. Neben den Großfamilien von Müller und Schäfer waren das Lehrburschen, Gesellen und Mägde, und alle hatten ihre Schicksale, über die die Kirchenbücher teilweise kurz Auskunft geben. Da ist zum Beispiel »der Mühlen-Lehrbursche Heinrich Baum ... durch einen unglücklichen Zufall, da ihm der Dreyling den Hirn-Schädel zertrennt hat, den 3. Martii 1786 aus dieser Zeit in die Ewigkeit gegangen«, »dem Schäffer in der Plabbber Christian Götze sind von seiner Ehefrau im Jahre 1800 2 Zwillings Söhne gebohren worden, von denen der 2. todt auf die Welt gekommen ist«, und »der Justine Friederike Hekkel, Tochter des zu Cossenblatt verstorbenen Mühlenmeisters Hekkel, wurde 1807 auf der Plabbermühle bei Görsdorff eine Tochter geboren, zum Vater des Kindes ist Johann Peter Müller, Gastwirtssohn aus Schadow angegeben, der sich aber als solcher nicht selbst gemeldet hat«. Da stirbt 1857 in Blabber der sechs Monate alte uneheliche Sohn der Dienstmagd Caroline Rettig aus Beeskow, 1873 heiratet der »Müllergeselle Koch auf der Blabber« die »Jungfer Triepke aus Görsdorf«, und die »Dienstmagd Jakopaschke in Blabbermühle« bringt 1888, 1898 und 1902 uneheliche Kinder zur Welt.

Im 16. und 17. Jahrhundert waren Mühle und Schäferei in Blabber wie ganz Görsdorf vom Amt Beeskow verwaltet worden, hatten also zur Domäne gehört. Schon zu Zeiten des Soldatenkönigs aber war die Blabbermühle in Erbpacht gegeben worden. Im Kirchenbuch wird Gottfriede Henning 1725 zum ersten Mal als »Erbmüller auf der Blabber« bezeichnet, und 1808 bereits nennt sich ein Christian Friedrich Kolbe »Mühlenmeister und Eigenthümer der Blabbermühle«, während hundert Jahre später dann der Begriff Mühlenbesitzer üblich wird. Über drei Generationen blieb die Mühle im Besitz der Kolbes, dann starb, 1850, der Mühlenmeister Carl Kolbe mit 27 Jahren an einem Brustleiden, und seine Witwe heiratete noch im selben Jahre den Mühlenmeister Albert Bislich aus Hermsdorf, der im März 1858 über das Königliche Domainen-Amt eine Bekanntmachung veröffentlichte, nach der er »beabsichtigt, auf seinem daselbst belegenen Mühlengrundstück ein neues Kesselhaus zu erbauen und zum besseren Betrieb seiner Wassermühle eine Dampfmaschine von 10–12 Pferdekraft aufzustellen und auch die vorhandene Wassermühle selbst um einen Mahlgang nebst Reinigungsmaschine zu vermehren«. Doch trug anscheinend, wie die nun folgenden schnellen Besitzerwechsel vermuten lassen, diese Modernisierung zur Rentabilität der Mühle nicht wesentlich bei. Denn den Bislichs folgten in den nächsten Jahrzehnten die Münchebergs und die Wittstocks und diesen, nach 1892, die Wendts. Julius Wendt und sein Sohn Friedrich Wilhelm nannten sich noch Mühlenbesitzer, der Enkel Kurt aber beendete in den zwanziger Jahren den Mühlenbetrieb und betätigte sich als Landwirt, bis er etwa 1952 mit der Familie aus der DDR flüchtete, worauf Mühle, Ställe und Scheunen in den nächsten Jahrzehnten langsam verfielen und nur ein kleineres, für die Altsitzer bestimmtes Wohnhaus, das man 1924 aus einem Lehmfachwerkgebäude mit Strohdach in ein massives Gebäude mit Ziegeldach umgebaut hatte, erhalten blieb.

Von den beiden Anwesen in Blabber war die Mühle immer das größere und reichere gewesen, was sich auch im Stadium ihres Verfalls noch zeigte, in dem sie mir erstmalig vor Augen kam. Daß ich nicht für sie, sondern für das armseligere Bahrsche Haus entflammte, lag sicher auch an meiner armseligen Finanzausstattung, die den großen Mühlengebäuden nicht angemessen war. Hauptgrund für meine Entscheidung aber war die Lage der beiden Häuser. Das Bahrsche hatte unter sich weißen Sand und über sich klaren Himmel, die Mühle aber stand tiefer, auf fruchtbarem schwarzem Niederungsboden und hatte über sich ein Blätterdach von alten Kastanien und Eschen, unter denen sich immer die Feuchtigkeit hielt. In diesem kühlen Grunde entfaltete die Natur Kräfte, die fähig schienen, das Menschenwerk bald zurückzugewinnen. Sie zu beherrschen traute ich mir nicht zu.

Der direkte Weg von der Mühle nach Görsdorf, ein Hohlweg, der den steilen Hang für Fuhrwerke passierbar gemacht hatte, war inzwischen von Schlehenbüschen überwachsen, so daß auch für Fußgänger hier kein Durchkommen mehr war. Da man in neuerer Zeit den Wasserlauf um das Gehöft herumgeleitet hatte, war der ehemalige Stauteich oberhalb der Mühle nur noch eine fruchtbare Senke, in der Schlehen und Weiden wuchsen, und auch im danebenliegenden Obstgarten schossen die Erlen schon auf. Himbeer- und Stachelbeerbüsche wehrten sich vergeblich gegen mannshohe Brennesseln, die den Garten schon völlig erobert hatten, doch hatten sich zu deren Füßen, wie wir erst gegen Ende des ersten hier verlebten Winters bemerkten, Schneeglöckchen ausgebreitet, die nun in jedem Februar, bevor die Brennesseln wieder ihre Herrschaft beginnen, die Ruinenlandschaft mit weißgrünen Ornamenten schmücken. Verendet dagegen sind im Laufe der Jahre die Obstbäume, weil die Erlen ihnen über die Wipfel gewachsen sind.

Die Mühle, ein stattlicher zweigeschossiger Backsteinbau auf hohen Feldsteinfundamenten, war, als ich sie 1968 entdeckte, noch ziemlich intakt. Ihr fehlten neben dem Mahlwerk auch alle Fenster, Türen und Dielen, aber da das Dach noch keine Löcher hatte, waren die inneren Lehmwände noch unzerstört. In den Wohnräumen des ersten Stocks, die man, sich auf Balken bewegend, besichtigen konnte, klebten noch die Tapeten, und auch die Kachelöfen hatten die Plünderer nicht gebraucht. Der tiefer gelegene Wirtschaftshof hinter dem Mühlengebäude war durch den Aufwuchs von Holunderbüschen, Akazien und Eschen zum Urwald geworden, Scheune und Ställe waren in sich zusammengesunken, Lehmwände hatte der Regen zerfließen lassen, Feldsteinmauern aber hatten allen Unbilden getrotzt. Von Eschen überwachsen, stehen sie noch heute, während das Mühlengebäude, aus dem sich in den siebziger Jahren Hausbauer mit begehrten Backsteinen versorgt hatten, nur noch ein unansehnlicher, von Bäumen und Sträuchern überwachsener Trümmerhaufen ist.

Von einer Bockwindmühle, die Urkunden nennen und alte Landkarten verzeichnen, ist nichts mehr vorhanden. Sie hat oberhalb der Blabbermühle rechts des nach Görsdorf führenden Weges gestanden, ist, wie alte Gemarkungskarten vermuten lassen, zwischen 1704 und 1725 entstanden, 1848 einem Brand zum Opfer gefallen, 1855 an derselben Stelle wieder aufgebaut worden und 1907 erneut abgebrannt. Eine zweite Bockwindmühle hat es kurzzeitig in der ersten Hälfte des 19. Jahrhunderts am Weg von der Blabberschäferei nach Görsdorf gegeben. In den Karten taucht sie zum erstenmal 1810, zum letztenmal 1846 auf.

Die Schäferei war auch nach der allmählichen Privatisierung des Görsdorfer Gutes diesem geblieben, doch ging es in der zweiten Hälfte des 19. Jahrhunderts mit ihr zu Ende, als sich durch Einfuhr billiger Wolle aus Übersee die Schafzucht in Deutschland als unrentabel erwies. Die letzte Eintragung eines Schäfers im Kirchenregister wurde 1852 vorgenommen, als der Herrschaftliche Schäfer Friedrich Wollenburg den Tod seiner zwei Monate alten Tochter, die an »Stickhusten« gestorben war, registrieren ließ. Danach gab es in Blabber neben der Familie des Müllers nur dauernd wechselnde Namen von Tagelöhnern, Häuslern, Büdnern, Maurer- und Tischlergesellen, die dort billig wohnen konnten, bis etwa um 1900 das Haus an den Häusler Gottfried Lehmann aus Buckow verkauft wurde, der es in den zwanziger Jahren an Adolf Bahr weitergab.

VON MÄDCHEN UND MÜTTERN

Die kleine Landwirtschaft, die Adolf Bahr, der aus der Niederlausitz kam und eine Frau aus Niederschlesien geheiratet hatte, auf vier Hektar sandigen Ackers betrieb, war nur ärmlich zu nennen. Da ein Pferd fehlte, mußte mit der einzigen Kuh gepflügt werden, und Rudi, das einzige Kind, mußte oft auf den halbstündigen Fußweg zur Schule verzichten, weil Rüben gehackt werden mußten oder Heu aufzuladen war. Elektrischer Strom war bis hierher noch nicht vorgedrungen. Man mußte sich mit Petroleumlampen begnügen. Wasser wurde aus dem Ziehbrunnen neben dem Haus geholt. Im Kriege, den Rudi, Jahrgang 1918, vom ersten Tag an als Soldat mitmachen mußte, war das vorgeschriebene Abgabesoll kaum zu erfüllen, und nach dem Krieg wurde es mit der Eintreibung des Solls noch schlimmer. Adolf Bahr arbeitete sich, wie es hieß, in den fünfziger Jahren zu Tode, und da Rudi, der nie als vermißt oder gefallen gemeldet wurde, aus Rußland nicht heimkehrte, war die Witwe Bahr bald allein in dem immer baufälliger werdenden Haus. Da auch ihre einzigen Nachbarn, die Mühlenbesitzer, Anfang der fünfziger Jahre das Elend in der stromlosen Einöde satt hatten und ein besseres Leben im Westen suchten, blieb sie als einzige Bewohnerin Blabbers zurück. Ihre Gesellschaft waren einige Hühner und Gänse, die sie ständig gegen Bussarde, Füchse und Marder verteidigen mußte, ein schwarzer Kater, der beim Kartenlegen assistierte, und ihr

Besuch bei Bahrs um 1923/24

Spitz namens Tettamoll. Sie war 84, als sie 1967 im Beeskower Krankenhaus starb.

Als ich zehn oder fünfzehn Jahre später etwa das immer noch stromlose Haus so weit in Ordnung hatte, daß ich mir die Zeit nehmen konnte, die Bahrschen Papiere, die Vandalismus und Mäusefraß überstanden hatten, genauer zu sichten, erwies es sich, daß ganze Bereiche fehlten, darunter leider auch alle Briefe und Bilder des Sohnes aus seinen vielen Jahren beim Militär. Gehörte Rudi doch zu den unglücklichen Jahrgängen, die nach zweijähriger

Wehrpflicht in Friedenszeiten durch den Kriegsbeginn die Uniform nicht mehr loswurden, acht Jahre lang. In ihnen brachte er es vom Kanonier nur bis zum Gefreiten. Acht Jahre lang fehlte er bei der Arbeit zu Hause. Seine Briefe hat die Mutter sicher immer sorgsam behütet, aber bis auf eine Postkarte von 1939, auf der er nach Urlaubstagen die Ankunft in der Kaserne meldet, sind sie nicht erhalten geblieben. Es sind aber viele Briefe vorhanden, die während des Krieges von Mädchen an Rudi, als den unbekannten Soldaten, geschrieben wurden. Bei seinem letzten Heimaturlaub im Frühjahr 1944 wird er sie, so ist anzunehmen, zu Hause deponiert haben. Das Ende dieses Jahres hat er dann vielleicht schon nicht mehr erlebt.

Die alten Briefbögen unterschiedlicher Größe und Farbe, die teils von Wasser gewellt, teils von Kalkmörtel gesteift wurden, sind eine traurige Lektüre, weil ihre verbleichenden Schriftzüge von Gedankenleere und Sprachlosigkeit zeugen und man die tiefe Enttäuschung, die sie beim Empfänger ausgelöst haben müssen, zu spüren meint. Der Junge aus dem abgelegenen Blabber, der zwar von den Dorfjungen dafür bewundert wurde, daß er im damals noch wasserreichen Blabbergraben Fische mit der Hand fangen konnte, sonst aber als

Frau Bahr um 1930

begriffsstutziger Eigenbrötler und Außenseiter betrachtet wurde und bei den Bauernmädchen keine Chancen hatte, schreibt, nachdem er, ohne jede Erfahrung mit weiblichen Wesen, in eine uniformierte Männerwelt verbannt wurde, alle seine vielen Briefe an Mädchen natürlich aus Liebeshunger und erhält Antworten, die nur aus unpersönlichen Floskeln bestehen.

Von dem gebildetsten und damit unpassendsten der Mädchen, einer Hilde, sind die meisten Briefe, über fünfzig, aus den Jahren 1941 und 1942 erhalten, und aus allen wird deutlich, daß die Briefschreiber immer aneinander vorbeireden, weil er auf persönliche Zuneigung aus ist, sie aber tapfer und geduldig mit dem Briefeschreiben an Soldaten ihre vaterländischen Pflichten erfüllt. Sie ist Schülerin einer Internatsoberschule für Auslandsdeutsche, schwärmt vom Leben in Sommerlagern und von Flaggenappellen, ärgert sich über den Mangel an nationalsozialistischer Gesinnung bei anderen und hört alle Hitlerreden, die sie dann »die stolzen Worte unseres Führers« nennt. Sie schickt ihm politische Artikel aus Illustrierten, schließt jeden Brief mit Grüßen aus der Heimat an die tapferen Soldaten und füllt die Seiten mit Versicherungen wie dieser: »Ihr könnt Euch darauf verlassen, die Heimat steht geschlossen hinter Euch in diesem Ringen um die Zukunft des ganzen deutschen Volkes.« Obwohl er sie um die Anrede mit Vornamen bittet, bleibt sie dabei, ihn mit »Mein lieber unbekannter Soldat« anzureden, langweilt ihn weiter mit Feierstunden zum Heldengedenktag oder zum Jahrestag der Machtergreifung – und sie erschrickt offensichtlich, als er ihr im nächsten Urlaub einen Besuch ankündigt. Da schildert sie ihm wortreich, daß das unmöglich wäre, weil die Internatsdisziplin es verbiete. Er muß ihr versprechen, einen Besuch nie zu versuchen. Bald danach bricht der Briefwechsel ab.

Weniger Briefe sind von einer anderen Hilde, einer Gerda, einer Elfriede, einer Zita und zwei Ernas erhalten. Alle gehen von der Unbekannten-Soldaten-Anrede bald zu der des Lieben Rudi über, alle bestehen zumeist aus Floskeln, wie: Nun muß ich Dir aber mal wieder schreiben, Jetzt aber muß ich Schluß machen, Ich weiß gar nichts zu schreiben, Unkraut vergeht nicht, Entschuldige bitte die schlechte Schrift. Zita, eine Schwesternschülerin ohne ideologische Vorbelastung, ist über die Ankündigung eines Heimaturlaubsbesuches genau so erschrocken wie die stramm-nazistische Hilde und führt als Ablehnungsgrund die Strenge ihrer Oberin an. Gerda aus Görlitz weiß dem unbekannten Oberkanonier nichts zu schreiben, als daß sie im Kino war und bei dem Film »Ich werde dich auf Händen tragen« wieder einmal sehr gelacht habe. Und von Erna aus Schlesien, die schon im zweiten Brief ein Foto mitschickt, das sie aber als »nicht besonders getroffen« bezeichnet, ist der erste, die Korrespondenz eröffnende Brief erhalten, der buchstabengetreu so lautet:

»Lieber unbekannter Soldat! Am Anfange meines Schreibens seien Sie auf das herzlichste gegrüßt. Sie werden ja erstaunt sein von einem unbekannten Mädel Post zu erhalten. Die Soldaten im Osten freuen sich bestimmt aus der Heimat einige Zeilen zu erhalten. Denn in Rußland gibt es ja nichts was unsere Soldaten erfreut. Wenn nur bald der Krieg ein Ende hätte und Ihr lieben Soldaten könntet in die Heimat zurück kehren. Denn in Rußland ist es doch sehr kalt und Ihr lieben Soldaten müßt bei der Kälte auf der Wacht stehen für die Heimat. Will nun schließen in der hoffnung auf Post zu erhalten. Es grüßt Sie ein unbekanntes Mädel Erna Menzel.«

An den Briefen der anderen Erna, die in der Uckermark lebte, wird Rudi mehr Freude gehabt haben, weil sie als einzige persönliche Zuneigung zu erkennen gibt. Sie schreibt fehlerhafter und unbeholfener, aber häufiger als die anderen, und da sie in den 23 Briefen, die sie in zwei Monaten an ihn richtet, immer mehrere Briefe von ihm bestätigt, ist anzunehmen, daß er ihr zu Anfang des Jahres 1944, als er nach einer Verwundung im Lazarett liegt, fast täglich schreibt. Sie erzählt nicht nur wie die anderen von Wetter, Langeweile und Kino, sondern auch von ihren Eltern und Geschwistern, und bald schon schlägt sie auch schüchtern liebevollere Töne an. Lieber Rudi! heißt es nun nicht nur am Anfang des Briefes, sondern auch ab und zu zwischen den Sätzen. Sie bedauert, so weit entfernt von ihm weilen zu müssen, bestellt Grüße von ihrer Mutter, gesteht ihm, oft auch beim Schlafengehen an ihn zu denken, und ein böser Traum will ihr vorgaukeln, daß er schon verheiratet ist. Sie unterschreibt mit »Deine Erna« und bekundet ihre Treue, indem sie das Deine dick unterstreicht.

Und doch endet auch diese Affaire mit der bekannten Enttäuschung. Zwar hat Erna ihm schon beschrieben, auf welcher Station er aussteigen müßte, um ihr entlegenes Dorf erreichen zu können, doch als er im Frühjahr 1944 den erhofften Genesungsurlaub zu einem Besuch in der Uckermark nutzen will, schreckt auch sie mit der Behauptung, ihr Vater sei sterbenskrank, vor der persönlichen Begegnung zurück. Er möge doch bitte bis zum nächsten Heimaturlaub noch warten. Doch gibt es für ihn keinen nächsten Urlaub. Sein letzter Brief erreicht die Eltern im Herbst aus Estland, und für die Mutter in Blabber beginnt das Warten, das erst mit ihrem Tod enden wird.

Hätte der Zufall mich ein Jahr früher nach Blabber verschlagen, wäre ich Rudis Mutter noch persönlich begegnet, so aber wurde sie mir nur durch Erzählungen anderer vertraut. Sie war auch nach zwanzig Jahren noch davon überzeugt, daß ihr Sohn lebte, und sie dachte sich immer neue Gründe für die Verhinderung seiner Heimkehr aus. Wußte man doch von geheimen Lagern im hohen Norden, aus denen die Gefangenen nicht schreiben durften. Man hatte von Wissenschaftlern gehört, die verschleppt worden waren, von ausgerückten Gefangenen, die erst nach Jahren über China oder Persien die Heimat wieder erreicht hatten, und auch von Soldaten, die von Geheimdiensten gezwungen worden waren, unter anderem Namen für sie tätig zu sein. Wenn bei sowjetischen Manövern Trupps von Soldaten an ihrem Waldhaus vorbeikamen, glaubte sie, ihren Sohn unter den fremden Uniformen erkennen zu können, und wenn Flugzeuge über den Wäldern kreisten, war sie sicher, daß Rudi ihr damit Zeichen gab.

Im Dorf war sie als geizig verschrieen, weil sie jeden Pfennig ihrer winzigen Rente und jeden Erlös vom Verkauf ihrer Gänse für ein künftiges Leben mit Rudi sparte. Selbst Hausreparaturen schob sie möglichst bis zu seiner Rückkehr auf. Die jungen Frauen, die abends heimlich zu ihr schlichen, um sich von ihr beim Schein der Petroleumfunzeln die Karten legen zu lassen, erfuhren, daß die paar Mark, die sie ihr für die Prophezeiung ihres künftigen Eheglücks zahlten, für Rudi bestimmt waren, damit er nicht so ärmlich leben müßte wie sie. Lange wehrte sie sich an ihrem Lebensende dagegen, ins Krankenhaus befördert zu werden, weil Rudi dann ja ein leeres Haus vorfände. Und kurz vor ihrem Tode mußte ihr der Bürgermeister versprechen, ihr Gespartes für den Sohn aufzubewahren, zum Aufbau einer Existenz.

Als nach ihrem Tode die Plünderer das einsame Haus heimsuchten, um nach den vermuteten Schätzen zu fahnden, hatte der Bürgermeister sie schon sichergestellt. Sie waren von ihr im Lehmboden der Speisekammer vergraben worden: mehr als 2000 Ost- und 200 Westmark im Einweckglas.

Damit war die Geschichte der Bahrschen Familie in Blabber zu Ende. Aus den Fotos, Briefen und Formularen, die ich aus dem geplünderten Haus gerettet und von Lehm, Kalk und Mäusedreck gesäubert hatte, ließ sie sich ungefähr rekonstruieren. Die ältesten Fotos zeigen Adolf Bahr als Soldat vor und im Ersten Weltkrieg. Unter der Losung »In Treue fest!« prahlt er mit Säbel und Pickelhaube auf dem Erinnerungsbild an seine Dienstzeit in Deutsch-Eylau, und auf den Rändern der starken Pappe, auf die das Foto geklebt ist, wird militärisch gereimt: »Gehorsam, Treue, Tapferkeit, / Des deutschen Kriegers Ehrenkleid« und: »Es lebe hoch das Regiment, / Das sich mit Stolz das 35. nennt.« In Feldgrau sitzt er mit Kameraden zusammen vor einem Unterstand in Frankreich, und wenig später im Drillich im Lazarett. Geheiratet wird die aus Niederschlesien stammende Charlotte in Golßen in der Niederlausitz. 1918 wird Rudi geboren und einige Jahre später die kleine Häuslerwirtschaft in Blabber gekauft. Als Rudi fünf oder sechs ist, kommt Besuch, vielleicht die Schwester, die inzwischen in die Altmark geheiratet hat, mit Mann und Söhnchen, und es wird zum ersten und letzten Mal in Blabber fotografiert: das Haus mit dem Ziehbrunnen daneben, Charlotte beim Füttern der Hühner und Enten vor der Stallmauer aus Feldsteinen und schließlich ein Familienbild vor dem Haus, Charlotte in der Tür stehend, Schwester, Schwager und Mann auf der Bank unter dem Fenster, Rudi und sein Cousin auf dem Findling sitzend, der hier die Haustürstufe ersetzt. Mehr als ein Jahrzehnt später wird Rudi in der unkleidsamen Uniform des Reichsarbeitsdienstes fotografiert. Der Schirm der unförmigen Mütze verdeckt zur Hälfte sein Gesicht.

Um ihn, den amtlich nie als tot oder vermißt gemeldeten Sohn, geht es dann in den meisten der von Frau Bahr aufbewahrten Papiere. Die Verwandten fragen an, ob es von ihm schon ein Lebenszeichen gebe, der Sparkasse geht es um das gesperrte Uraltkonto Rudis, und die Eltern, bald aber nur noch die Mutter, richten Bitten um die Suche nach dem Schicksal des Vermißten an den Suchdienst des Deutschen und des Schwedischen Roten Kreuzes in Stockholm, München und in Berlin-Dahlem, an den »Stadt-Kommandanten im russischen Sektor Berlin General Sucko« und auch an den Präsidenten der Deutschen Demokratischen Republik. Das Konzept (oder die Abschrift?) eines solchen mit Kopierstift in deutscher Schrift verfaßten Schreibens sieht so aus: »Wir haben am Suchdienst rote Kreuz München eine bitte unsere Sohn Rudi Bahr geboren in Golßen N/L Wohnhaft Blabber Görsdorf über Beskow den ganzen Krieg mitgemacht zulezt Estland bei Walk gewesen von da noch kein bescheid nach Görsdorf soll etwas gekommen sein uns nicht zu kennis gegeben die haben sich müssen verflichten unter schreiben auch 25, 12, 15 Jahre, wir sind paar alte Leute der Mann 77 Frau 71 wir besitzen eine Landwirtsch und warten auf unseren Sohn einziges Kind.«

Hoffnungen setzt Frau Bahr aber auch auf Wahrsager und bezahlt sie in Naturalien. So schreibt ihr eine als Heilpraktikerin firmierende Frau Müller aus Beeskow am 3. April 1947: »Meine liebe Frau Bahr! Sie versprachen mir noch etwas Grütze zu Weihnachten, und wenn Sie haben für mich, dann geben Sie bitte dem Herrn alles mit. Ich bekomme Besuch, und wenn Sie, liebe Frau Bahr, paar Eier, ein bißchen Milch oder Fett für mich hätten, wäre ich Ihnen sehr dankbar. Und wie ist es mit Kartoffel, können wir nicht mit dem Milchwagen einmal 2 Centner mitgeben? Sie müssen es sich mal überlegen, abgemacht hatten wir ja alles und was sie kosten wird bezahlt. Ich gebe Ihnen auch 30 Mark für den Centner. Bitte kommen Sie doch mal zu mir, dann will ich Ihnen nochmal die Karten legen. Habe soeben das Bild untersucht und freue mich, daß ich Ihnen gute Nachricht geben kann. Haben Sie inzwischen was gehört? Kommen Sie doch mal mittags zu mir, um 2–3 Uhr habe ich am besten Zeit für Sie. Sonst wünsche ich Ihnen gesunde und frohe Ostertage in Gedanken an Ihren Sohn. Hauptsache er lebt! Die besten Ostergrüße von Ihrer Frau E. Müller«.

Und im selben Jahr versichert ein Herr Wüsten aus Berlin-Hermsdorf, der als Graphologisches Büro firmiert, kurz und bestimmt, daß der Vermißte lebt. »Infolge 1000der Anfragen«, so schreibt er den Eltern im Mai 1947, »erst jetzt eine Antwort. Rudolf, zwillinggeboren am 14.6.18 geriet im wolhynischen Raum leichtverwundet in Gefangenschaft (Luzk?). Nach seiner Heilung brachten ihn die Russen auf ein Gut bei Kubjansk in Arbeit. Er lebt und ist gesund. Infolge Abgelegenheit keine Nachricht bislang. Heimkehr Mai 1948. Mit herzlichstem Gruß S. Wüsten.«

Adolf Bahr, dessen Paßbild ein schmales, abgehärmtes Gesicht zeigt, starb 1955, und die Witwe versuchte durch eine zweite Heirat ihre Wirtschaft zu retten, aber weder eine Annonce in der »Berliner Zeitung«, in der sie sich als Sechzigerin mit Grundbesitz, »herliche lage Wald und Wasser gelegen«, und mit reichlicher Rente bezeichnet, noch ihre Briefe an annoncierende Herren hatten Erfolg. Sie schreibt, für den Empfänger sicher nicht recht verständlich: »Auf ihre Annose in Berliner Zeitung entfäle mir, bin eine Witwe gleichen Alter besitze einen Grundstück allein stehend, da ich das nicht bewirtschaften kann besitze Haus und Garten und zwei Morgen Aker und Klein Vieh und Rente mein auskommen habe ich, ist am Wald gelegen eine Rugihegegent, bin Rüßtig und gesund, da ich das allein Leben Müde bin suche auf diesen wege einen Mann sollte ihr Wille sein bitte um Antwort viele Herzliche grüße sendet Charlotte Bahr Blabber Görsdorf bei Beskwo.« Und an einen anderen Heiratswilligen schreibt sie: »Ihre schreiben dem ich 25. 6. 59 erhalten wiel ich ihn Antworten, das bei mir gerne wollen kommen ist mir angenehm weil sie ein Schlesiger sind ich bin auch von da Groß Wartensb. 40 Jahre besitzen wir den Drundstück, wie mein Mann 4 Jahre gestorben ist die gemeinde belästicht, das ist auf mich geschrieben worden, die haben viel schaden gemacht bei Rat des Kreises zu beantworten. Ich bin noch Jugendlich. Mein Grundstück ist Wald wiese und Aker Mts zu bearbeiten, großen Garten viel Obstbäume leider dieses Jahr alles verfroren, blos welche Flaumen, Rente 131 M. und klein Vieh wenn ihn dieses angeboten wird bitte gleich um Antwort ihre Schreiben ist mir angenehm ich bin von gutter Vergangenheit.«

Aber die Witwe, die weiterhin auf ihren Sohn wartete, mußte allein in ihrer Einöde bleiben. Ihr letztes erhaltenes Schreiben ist der Brief an eine Familie Franke, der vermutlich nicht mehr abgeschickt wurde, weil die Görsdorfer für ihre Verlegung ins Krankenhaus sorgten. Er lautet: »Ich bin nicht sehr auf dem Posten könnte einer nicht herkommen ich kann mir nichts zu Esen holen und große Kälte ist auch hier grüßt die andern alle von Charlotte Bahr.«

VON VERGANGENHEIT UND VERGÄNGLICHKEIT

Mit dem Abschluß dieser Liebeserklärung an eine Landschaft geht auch ein langer, trockner Sommer mit tropischen Temperaturen und ständigen Waldbrandgefahren zu Ende. Westwinde haben nun endlich, Ende September, Regen gebracht. Tiefhängende Wolken, die abwechselnd Schauer und Sprühregen vergießen, scheinen im Vorüberjagen die Baumwipfel zu streifen. Man braucht wieder Regenmäntel und weiß nicht mehr, wo man sie aufgehängt hat.

Der bewaldeten Höhen wegen, die uns umgeben, ist der Tag hier kürzer als in freieren Lagen. Die Sonne, die man im Sommer schon zu hassen gelernt hatte, sehnt man nun wieder herbei. Die von uns gepflanzten Lärchen, Eschen und Eichen, die das Haus schon längst überragen und mit ihrer langen Lebenserwartung ständig an die Kürze des eignen Lebens gemahnen, beginnen sich zu verfärben. Die Nässe hat den gestern noch weißgrauen bis hellgelben Wegen eine dunkelere Färbung gegeben, doch zeigt jeder Schritt, daß darunter noch Trockenheit herrscht. Der Sand weigert sich, die Feuchtigkeit aufzunehmen. Als wäre er von einer Ölschicht überzogen, läßt er das Wasser an Hängen ablaufen, so daß bei stärkeren Schauern die Wege zu kleinen Bächen werden, die um eingelagerte Feldsteine lustige Bogen schlagen, sich von Wurzelbarrieren stauen lassen, um dann wieder lebhafter weiterzueilen, dem trockenen, von Gras und Kräutern schon überwachsenen Graben zu. Wochen wird es noch dauern, bis erste Pfützen sich in ihm bilden, sich langsam vereinen und, vielleicht um die Weihnachtszeit, in Bewegung geraten in Richtung Drobschsee und Spree. Frost wird das Wasser dann wieder erstarren lassen. An den Ästen der Haselbüsche, die ihm zu nahe kommen, werden phantastisch geformte Eiskristalle sich bilden. Die dicht über den Kiefernwipfeln stehende Mittagssonne wird jedes dieser Naturkunstwerke zum Glitzern bringen. Schnee wird die Stille noch stiller machen. Wildschweine und Rehe werden das kaum noch erkennbare Bett des Grabens als Wildpfad nutzen, bis dann im März mit den wieder stärker werdenden Sonnenstrahlen die große Zeit des siebenten linken Spreezuflusses beginnt. Dann wird das Gewässer, das einst zwei Mühlen bewegte, in lauen Frühlingsnächten seinen lautmalenden Namen wieder verdienen, indem es in Tönen, die bald wie Glockenläuten, bald wie Kindergeplauder klingen, über die flache Brücke aus alten Eisenbahnschwellen blabbern wird. Die Seenreihe wird man dann wieder miteinander verbunden wissen, man wird den Graben als Bach, vielleicht sogar als Flüßchen bezeichnen, und man wird versucht sein, auf dem Hausboden nach den Keschern und Reusen zu suchen, mit denen einst Rudi Bahr Plötzen und Hechte fing.

Der Junge, der mir an Jahren nur wenig voraus hatte, der also, hätte er den Krieg überstanden, heute noch leben und hier, in seinem Haus, wohnen könnte, kommt mir manchmal nicht wie der Vorbesitzer, sondern wie ein Verwandter, vielleicht ein älterer Bruder vor. Umbau und Modernisierung hat hier vieles verändert, doch gibt es, auf dem Hausboden zum Beispiel, noch manches, das an ihn und die Zeit der Petroleumlampen und der Flakgranatenkisten erinnert. Es gibt die Apfelbäume, die Adolf Bahr selbst veredelt hatte und die heute noch jedes Jahr Massen von grasgrünen Äpfeln tragen, die wir den Wildschweinen und Rehen überlassen, weil keine Spur von Geschmack in ihnen zu finden ist. Und es gibt Rudis Altersgefährten, die sich an seine Geschicklichkeit im Fischefangen und Schlingenlegen erinnern, ihn als Einzelgänger charakterisieren und ihm eine Beschränktheit nachsagen, die seine Unfähigkeit, beim Militär Karriere zu machen, ihnen beweist. Mir aber scheint die Tatsache, daß er es in schier endlosen Militärjahren nur bis zum Gefreiten gebracht hatte, Folge von Uniformhaß und Heimwehkrankheit zu sein. Er war vor seiner Einberufung noch nie weiter als bis in die umliegenden Dörfer gekommen, und als er irgendwo im Osten verenden mußte, ohne ein Mädchen auch nur einmal geküßt zu haben, hatte sein letzter Gedanke wohl dem einsamen Tal gegolten, in dem er als Kind arm, aber glücklich gewesen war. Kein Denkmal für Kriegstote trägt seinen Namen. Die Gräber seiner Eltern an der Görsdorfer Kirche sind eingeebnet. Nur für mich ist er im Haus seiner Kindheit noch gegenwärtig. In ihm individualisiert sich jüngere Heimatgeschichte, an deren dunkle Seiten man nicht gerne erinnert wird.

Um den Gedanken an die eigne Vergänglichkeit einzuüben, sind Spaziergänge über Friedhöfe zu empfehlen, wenn fallendes Laub die Gräber bedeckt. Sehenswürdigkeiten sind dabei nicht zu erwarten, höchstens erregt ein hohlstämmiger, aber noch lebender Maulbeerbaum, der neben der Birkholzer Kirche an die Versuche zur Seidenraupenaufzucht im 18. Jahrhundert erinnert, die Aufmerksamkeit. Aber wenn es sich um Trauer, Gedenken und Mahnung handelt, ist Unscheinbarkeit besonders eindringlich. Während prunkvolle Denkmäler oft mehr als von Trauer von den Prestigegelüsten ihrer Erbauer zeugen und vor allem zum Staunen über den kostspieligen Aufwand auffordern, rühren schlichtere Zeugnisse mehr ans Gemüt. Den Opfern der Judenverfolgung kommt man auf dem kleinen, im Walde gelegenen jüdischen Friedhof von Beeskow näher als zwischen den Betonkolossen, mit denen Berlin an deutsche Schandtaten erinnert. Stärker als das gigantische Ehrenmal in Berlin-Treptow rühren die Friedhöfe der

Kirchhof in Birkholz mit altem Maulbeerbaum

gefallenen Russen in Dörfern und Städtchen. Und bei den Totenfeldern für die deutschen Soldaten mit ihren steinernen Kreuzen ist es gerade die Schlichtheit, die besonders bewegt.

Viele der deutschen Kriegstoten, deren Gräber man hier früher an Straßen und Wegen, an Bahndämmen und Waldrändern finden konnte, wurden in den letzten Jahrzehnten auf die Soldatenfriedhöfe umgebettet, aber auch manche Dorffriedhöfe erinnern durch Einzel- und Massengräber heut noch an den Krieg. Aber auch darüber hinaus bieten Dorffriedhöfe Anschauungsmaterial für den Geschichtsinteressierten, es sei denn, sie wurden, wie viele von ihnen, geschichtsvergessen modernisiert. So hat man in Görs-

Kirchhof in Ahrensdorf

dorf zum Beispiel aus grabungspraktischen Gründen die Gräber des Kirchhofs vor Jahrzehnten schon eingeebnet, die alten Grabsteine weggeworfen und die neue Begräbnisstätte weit weg auf einer sandigen Waldlichtung mit Akkuratesse und viel Beton pflegeleicht eingerichtet, während in Lindenberg, Ahrensdorf, Wulfersdorf und Groß Rietz dagegen die alten Kirchhöfe mit ihren Feld- oder Backsteinmauern erhalten geblieben sind. Aber auch hier wurden die alten Grabsteine mit ihren verblichenen Inschriften, die von sozialen und religiösen Entwicklungen zeugen, nur selten vor der Vernichtung bewahrt.

Die neuen Friedhöfe, die auf Bäume verzichten, weil deren Wurzeln das Graben erschweren, lassen mit ihren breiten Wegen, rechten Winkeln und gleichförmigen Grabsteinen erahnen, daß die tradierte Friedshofskultur in unseren Tagen hier langsam verfällt. Zwar läßt man es nicht an Blumenfülle und Pflege fehlen, so daß man sich als Besucher an Wochenenden kaum traut, die Spuren der Harken auf den von Unkraut befreiten Wegen durch Fußtritte zu zerstören, aber den Grabsteinen, die in Form und Aussage kaum variieren, sieht man die Einfallslosigkeit der Steinmetze und die Sparsamkeit der Hinterbliebenen an. Außer den Namen und Lebensdaten erfährt man nichts von den Toten. Alle Symbolik, sei es christliche oder antike, ist so gut wie verloren, und kein Wort drückt Trauer, Schmerz oder auch Hoffnung aus. Ärmlich, gleichmacherisch und provisorisch wirken die Reihen der neuen Gräber. An ein längeres Totengedenken scheint man bei wachsender Mobilität und der Auflösung der Großfamilien wohl nicht zu denken. Wenn Beschleunigung Trumpf ist, richtet sich wohl auch die Dauer der Trauer danach. Vielleicht sieht man hier schon die Vorstufe der anonymen Bestattung, mit der man jahrhundertealte Traditionen individueller Ehrung beseitigt und die Geschichtsvergessenheit auf die Spitze treibt.

Die alten Grabsteine dagegen wissen mancherlei zu berichten, was den Verstorbenen individualisiert. Am ausführlichsten wurden dabei die Denkmäler aus barocken Zeiten, die man vorwiegend in oder an den Kirchen ehemals adliger Dörfer findet. Aber auch noch im vorigen Jahrhundert und bei Verstorbenen niederer Stände war man, wie naiv oder kitschig auch immer, um Kennzeichnung eines Persönlichkeitsbildes bemüht. Immer konnte man über den Toten erfahren, ob er als Bauer, Förster oder auch Mühlenbesitzer sein Brot verdient hatte. Oft war von trauernden Hinterbliebenen, von Witwen, Kindern und Enkeln die Rede. Bibelverse versuchten den Schmerz über die Trennung erträglich zu machen, und nicht selten wurde der Verstorbene, meist in Reimen und immer lobend, charakterisiert. Daß dabei Treue, Pflichterfüllung und Arbeitseifer, häufig noch vor Liebe und Glauben, besonders gerühmt wurden, spricht für das Vorherrschen der preußischen Pflichtethik, die sicher nicht immer gelebt wurde, aber als Wert doch allgemein anerkannt war. »Wer treu gewirkt / Bis ihm die Kraft gebricht, / Und liebend stirbt, / Ach, den vergißt man nicht«, kann man da lesen. Oder: »Wer in Beruf und Pflicht wie du gestorben, / Hat Leben sich durch seinen Tod erworben.« Oder: »Mühe und Arbeit war ihr Leben, / Ruhe hat ihr Gott gegeben.« Oder: »Stets einfach war dein Leben, / Du dachtest nie an dich. / Nur für die Deinen streben, / hieltst du für deine Pflicht.« Oder auch entschieden prägnanter: »Redlich, fleißig, schlicht und gut, / War, der hier im Grabe ruht.«

Ist nur das Alter danach, spürt man das Einladende solcher Begräbnisstätten rund um die Kirche. Alte Linden gehören dazu, die im Sommer die Gräber beschatten, unermüdlich harkende Frauen am Wochenende, eine unordentliche Ecke mit Komposthaufen, Handpumpe und Gießkanne, sonntags einige Kirchenbesucher, die nach dem Gottesdienst noch ein Weilchen plaudern, und in der ungepflegten alten Abteilung, wo bemooste Steine schon zum Umsinken neigen, noch ein paar gußeiserne Kreuze aus dem vorvorigen Jahrhundert, die langsam der Rost zerfrißt. Gegenwart und Vergangenheit fließen hier ineinander. Die Hektik der Zeit, die Rückbesinnung verbietet, scheint von der efeubewachsenen halbhohen Mauer ferngehalten zu werden. Sie bewahrt, wer weiß wie lange, das Beste, das wir hier haben: eine unzeitgemäße Stille.

Doch mit diesem Vorzug der Gegend zu prahlen wird sich hüten, wer ihn zu schätzen weiß.

ANHANG

Zitatennachweis

Seite 13 *malerisch Interessantem*: s. Goethe: Philipp Hackert, S. 529
Seite 13 *Einförmigkeit*: s. Kleist u. Brentano: Empfindungen vor Friedrichs Seelandschaft, S. 47–48
Seite 37 *romantisches Land*: s. Fontane, Band 4, S. 23
Seite 37 *Und wo der reine gelbe Sand*: s. Fontane, Band 4, S. 26
Seite 73 *zwar die Predigt in teutscher Sprache*: s. Metsk, S. 139
Seite 85 schön, abbéhaft: s. Fontane, Band 4, S. 46
Seite 98 *Unsere märkische Kiefer*: s. Bier, S. 3
Seite 99 *Die Brandenburgische Forstverwaltung*: s. Märkische Oderzeitung 24. 9. 1903
Seite 155 *weil sie keinen haben*: s. Fontane, Bd. 4, S. 30

Benutzte Literatur

Beeskow, Hans-Joachim: Führer durch die evangelischen Kirchen des Kirchenkreises an Oder und Spree. Lübben: Heimat-Verlag 2002

Bier, August: Unsere märkische Kiefer. In: Kreiskalender Beeskow-Storkow 1926. S. 1–12

Fontane, Theodor: Wanderungen durch die Mark Brandenburg. Band 2 (Oderland) und Band 4 (Spreeland). Berlin: Aufbau 1994

Führling, Günter G.: Endkampf an der Oderfront. München: Langen/Müller 1996

Goethe, Johann Wolfgang: Philipp Hackert. Biographische Skizze. In: Goethe. Berliner Ausgabe. Band 19. Berlin: Aufbau 1985

Groß, Karl: Unser Kreis Beeskow-Storkow in Sage und Geschichte, Sitte und Brauch. Beeskow: Haeseler und Gasedow 1923

Historisches Ortslexikon für Brandenburg. Teil IX. Beeskow-Storkow. Bearbeitet von Joachim Schölzel. Weimar: Böhlau 1989

Jahn, Alfred: Die einklassige Schule in Görsdorf bei Lindenberg. Unterrichts-Vor- und Nachbereitungen 1933–1936. Ungedruckt, maschinenschriftlich, Privatarchiv. (Mitgeteilt von Fred Jahn, heute Koblenz)

Kirchenbuch der Gemeinden Görsdorf und Premsdorf 1766–1841

Kirchenbuch der Gemeinden Görsdorf und Premsdorf 1842–heute

Kirchenbuch der Gemeinde Wulfersdorf 1647–1767

Kirchenprotokoll in Cossenblatt … Begonnen 1724 (Handschr. Kirche Kossenblatt)

Kleist, Heinrich von und Clemens Brentano: Empfindungen vor Friedrichs Seelandschaft. In: Berliner Abendblätter. Reprint. Darmstadt: Wissenschaftliche Buch-Gesellschaft 1973

Ledebur, Leopold Freiherr von: Die heidnischen Alterthümer des Regierungsbezirks Potsdam. Ein Beitrag zur Alterthümer-Statistik. Berlin: Gebauer 1852

Metsk, Frido: Der Kurmärkisch-wendische Distrikt. Ein Beitrag zur Geschichte der Territorien Bärwalde, Beeskow, Storkow, Teupitz und Zossen unter besonderer Berücksichtigung des 16. bis 18. Jahrhunderts. Bautzen: Domowina 1965

Müller, Klaus: Wie lange wurde in der Gegend von Beeskow-Storkow sorbisch gesprochen? In: Niederlausitzer Studien, Heft 27

Osten, Hans-Henning von der : Der Räuberberg bei Schwenow in der Mark. In: Mannus, Band 15, Heft 3. 1923

Paul, Richard: Sagen und Geschichten des Kreises Beeskow-Storkow. Beeskow. Knüppel & Haeseler 1925

Petersen, Carl: Die Geschichte des Kreises Beeskow-Storkow. Beeskow: Selbstverlag 1922. (Reprint 2002)

Reisch, Robert: Aus der Geschichte der Parochie Tauche. Beeskow 1898

Rouanet, Jean Pierre Barthélemy: Von Toulouse nach Beeskow. Lebenserinnerungen. Berlin: Aufbau 2000

Tieke, Wilhelm: Das Ende zwischen Oder und Elbe. Der Kampf um Berlin 1945. Stuttgart: Motorbuch 1992

Verhandelt Görsdorf bei Aufsetzung dieses Knopfes den 11. August 1846. Handschrift. Privatarchiv

Verzeichnis der Untertanen des Amtes Beeskow von 1652 (Landreiterbericht). Bearbeitet in der Landesbauernschaft Kurmark von Karl Schramm. Goslar: Verwaltungsamt des Reichsbauernführers 1938

Zschoche, Herrmann: Altes und Neues vom Räuberberg und andere Arbeiten. Bisher ungedruckte Manuskripte. Privatarchiv

Zschoche, Herrmann: Theodor Fontane – Kunst in der Mark. Groß Rietz. In: Kreiskalender Oder-Spree 2001

Abbildungsnachweis

Rüdiger Südhoff: Seite 9, 16, 19, 23, 25, 26, 41, 65, 70, 78, 81, 89, 97, 120, 154, 181, 182
Privatarchiv: 31, 60/61, 108/109, 113, 157, 161, 168, 169
Burg Beeskow: 83
Fred Jahn: 124, 125
Familie Leppin/Sauen: 95
Bernd Naumann: 38
Wilhelm Tieke: 133

Inhalt

Anhang

SEE
Dahmsdorf
54
Wendisch
Rietz
SCHA
Waldfrieden
246
Glienick
NSG
Bf. Scharmützelsee
Neue Mühle
Gr. Glubigsee
Gr. Wucksee
86
Behrensdorf Siedlung
Linden
LSG
Behrensdorf
Langer
See
Springsee
Ahrensdorf
Möllendorf
Krummer
See
Limsdorf
Melangsee
52
Grubensee
LSG
Schwenow
Godnasee
110
Blocksberge
Schwenowsee
Drobschsee
Alt
Schadow
SPREE
Weinb
61
Werder
Amalienhof
Plattkow
66
Schwarzer